MANIPULATIONS TECHNIKEN

DIE MACHT DER MANIPULATION

Wie Sie Ihre Mitmenschen effektiv durchleuchten und mit Hilfe von intelligenten Methoden aus der Psychologie beeinflussen und für sich gewinnen

INHALT

Was bedeutet Manipulation?

Wenn Sie oder auch ich an Manipulation denken, hat das zuerst einen faden Beigeschmack. Niemand wird gern manipuliert und die wenigsten Menschen greifen gern zur Manipulation, um ihre Ziele zu erreichen. Sie denken sicher zuerst an eine böswillige Irreführung oder an Menschen, die auf den ersten Anblick dümmer und damit benachteiligt wirken. In der heutigen Gesellschaft gehört es dennoch zum Alltag und egal, ob es dabei um die aktuellen Nachrichten, die Kommunikation mit dem Vorgesetzten oder um eine Diskussion mit dem Partner über das Abendessen geht, jeder bedient sich immer häufiger gewisser emotionaler oder sprachlicher Tricks, um unkompliziert seine Wünsche zu erreichen. Tatsächlich ist es jedoch auch so, dass jeder Mensch hin und wieder darum bittet, manipuliert zu werden. Gerade bei politischen oder wirtschaftlichen Themen oder wenn wir beim Einkaufen vor der schier unendlichen Auswahl an Wurst stehen – wünschen Sie sich nicht auch ab und an einfach eine Empfehlung oder einen Hinweis?

Sicherlich hätte ich die Möglichkeit, mir bei jedem Wechsel des Börsenkurses alle Seiten genau anzusehen und von zwanzig Sorten Salami genau jene zu suchen, welche die gesündesten Bestandteile zum akzeptabelsten Preis sind. Dafür habe ich aber ehrlich gesagt weder die Zeit noch die Lust und ich bin mir sehr sicher, dass Sie genau wissen, was ich meine. Also nehme ich die Manipulation dankend an, indem ich auf die Empfehlung erfahrener Analysten oder, im Falle meiner Salami, auf einen Freund vertraue. Und egal, wie ungern Sie sich dies eingestehen, insgeheim wären Sie auch gern so ein Mensch, auf den die Leute hören und von dem sie sich Ratschläge einholen. Glücklicherweise werde ich dabei helfen können.

Rein linguistisch gesehen hat Manipulation dennoch nichts damit zu tun, was Sie heutzutage darunter verstehen. Das Wort selbst stammt aus dem Lateinischen und setzt sich aus den Begriffen „manus", also „Hand", und „plere", was so viel wie „füllen" bedeutet, zusammen und bedeutet im ursprünglichen Sinne so viel wie Handhabung oder Handgriff. Er wurde als medizinischer Begriff für mit der Hand durchgeführte Techniken, wie beispielsweise Massagen, verwendet. Im Englischen gibt es beispielsweise bis heute mehrere Abwandlungen der Bedeutung von Manipulieren – so kann hier zum Beispiel auch ein Arzt einen Rücken manipulieren in dem Sinne, dass er ihn dadurch kuriert.

Im Deutschen steht der Begriff der Manipulation mittlerweile im Zusammenhang mit psychologischen, soziokulturellen und politischen Einflüssen als gezielte und versteckte Beeinflussung bestimmter Sachverhalte oder Verhaltensweisen. Diese Beeinflussung kann sowohl bewusst als auch unbewusst auftreten. Im einfachsten Fall werden Zahlen verändert, um eine Statistik rosiger wirken zu lassen oder einen Mitarbeiter nicht zu verschrecken – im schlimmsten Fall wird von der gezielten Manipulation von Menschen gesprochen. Das bedeutet, dass das Gegenüber zu einem bestimmten Ziel oder Zweck vorsätzlich und bewusst hinsichtlich des Verhaltens beeinflusst wird.

Nehmen Sie sich einmal die Zeit und beobachten Sie Ihren Alltag aufmerksamer. Sie werden im Supermarkt manipuliert, indem durch eine bestimmte Platzierung der Waren im Regal zum Kauf besonderer Produkte angeregt werden soll. Bewusst krumme Preise sollen Sie glauben lassen, dass knapp kalkuliert wurde, nur damit Sie noch einmal zuschlagen. Wie verhalten Sie sich, wenn Sie Ihre Partnerin oder Ihren Partner zu etwas bringen wollen, von dem Sie wissen, dass sie oder er eigentlich nicht davon überzeugt ist – wie etwa der Besuch eines Museums oder ein Spaziergang, obwohl es draußen doch noch recht frisch ist?

Auch wenn Manipulation durchaus negativ behaftet ist und gern mit Begriffen wie Einwirkung, Täuschung oder Suggestion assoziiert wird, muss sie nicht immer einem schlechten Zweck dienen. Verfolgt sie einen positiven Gedanken, wird sie jedoch meist als Überredung oder

Überzeugung bezeichnet. In jedem Fall ist es jedoch enorm wichtig, zu verstehen, dass zu einer Manipulation immer zwei Menschen gehören – trifft der Manipulator auf einen geschickten Rhetoriker oder einen generell sehr aufmerksamen Menschen, wird er es deutlich schwerer haben als etwa bei einem Kind, das davon überzeugt werden soll, dass der Sturz überhaupt nicht schmerzhaft war. Umgekehrt versucht das Kind, durch Weinen oder Jammern etwas Aufmerksamkeit und Nähe zu erhalten.

Im Folgenden werde ich Ihnen zeigen und erklären, wie Sie sich vor Manipulation schützen, sie aber auch für Ihre Zwecke nutzen können. Bedenken Sie dabei jederzeit – ungeachtet Ihres schlechten Rufs ist sie teilweise der bessere Weg, bevor Sie mit dem Kopf durch die Wand rennen.

Was bedeutet Kommunikation

Das wohl wichtigste Mittel im Zusammenhang mit Manipulation besteht in der Kommunikation. Um einen Menschen oder einen Sachverhalt manipulieren zu können, ist es notwendig, dass irgendeine Art der Reaktion folgt. Einem Supermarkt bringt es nichts, seine Waren neu zu platzieren, wenn er keine Kunden hat.

Das Wort „Kommunikation“ stammt ebenfalls aus dem Lateinischen und bedeutet Mitteilung. Allgemein gesprochen steht sie für den Austausch oder die Übertragung von Informationen. Hierbei ist es irrelevant, auf welchem Weg das geschieht – Kommunikation beinhaltet sowohl Sprechen als auch Schreiben und kann verbal, nonverbal oder paraverbal geschehen.

Mittlerweile wird neben dem zwischenmenschlichen Kontakt auch die Übertragung von Daten als Kommunikation angesehen.

Solange die Interaktion zwischen Menschen reibungslos funktioniert, denkt man nicht weiter über die Art und Weise des Kommunizierens nach. Treten jedoch Probleme auf in Form von Streit, Missverständnissen oder Ähnlichem, beginnt man, seine Kommunikation zu hinterfragen – etwa, indem man überlegt, ob man vielleicht etwas Falsches gesagt oder missverständliche Signale gesendet hat.

Sich aktiv mit Kommunikation zu beschäftigen, liefert Ihnen entscheidende Vorteile, wenn es um Manipulation geht. Im Laufe der Jahre haben sich unendlich viele Wissenschaftler, Psychologen und Soziologen mit diesem Thema beschäftigt. Ich möchte Ihnen gern einige Hilfsmittel an die Hand geben, um Ihre Ausdrucksweise gezielt verbessern zu können.

Kommunikationsmodelle nach Paul Watzlawick

Paul Watzlawick war ein bis 2007 lebender Psychotherapeut, Kommunikationswissenschaftler, Philosoph und Autor. In Europa war er vor allem durch sein Kommunikationsmodell bekannt, indem er fünf Axiome, also Grundsätze, die allerdings keine Beweise benötigen, festgelegt hat, die die menschliche Kommunikation sowohl erklären als auch ihre Widersprüche aufzeigen. Er geht von der Annahme aus, dass Menschen unfähig sind, ihre Kommunikation und ihr Verhalten zu reflektieren und dass sie nicht aus der Erfahrung, sondern aus der Situation heraus entscheiden. Dementsprechend richtet er seine Theorie auf die Gegenwart und sieht sie als permanenten Prozess zwischen „Werden“ und „Wachsen“. Grundlegend galt Watzlawick als sehr konservativer Mensch, der in seinen Ansichten doch eher als stur galt. Für ihn ging Kommunikation weit über das klassische Gespräch hinaus – er bezog die Bindung zwischen den betreffenden Personen sowie den Kontext, also die äußeren Umstände, mit ein. Zwei Menschen können beispielsweise normalerweise sehr gut befreundet sein, sind aber bedingt durch persönliche Probleme derzeit kaum in Kontakt.

Das erste Axiom besagt Folgendes: „Man kann nicht nicht kommunizieren“. Keine Sorge, ich habe mich nicht verschrieben – Watzlawick meinte damit, dass immer eine Art der Kommunikation stattfindet, da sie nicht zwangsläufig über Sprache, sondern auch über Verhalten geschehen kann. Da jeder Mensch auf irgendeine Art interagieren muss, wird auch jederzeit eine Reaktion folgen. Selbst, wenn Sie sich dazu entschließen, heute Zuhause zu bleiben und mit einem Glas Wein fernzusehen, kommunizieren Sie – Sie geben den anderen Menschen Signale, dass Sie keine Lust haben, vor die Tür zu gehen oder am gesellschaftlichen Leben teil zu haben, dass Sie unter Umständen einen anstrengenden Tag hatten und sich daher entspannen möchten oder dass Sie von den Leuten um sich herum genervt sind.

Des Weiteren geht Watzlawick davon aus, dass eine Kommunikation immer zwei Aspekte hat – einen inhaltlichen und einen emotionalen. Der inhaltliche Teil gibt Aufschluss über die Information, die es zu vermitteln gilt. Der emotionale Aspekt ist davon abhängig, wie die Information vom Empfänger aufgefasst wird. Dieses Axiom besagt gleichzeitig, dass jede Information auch eine Emotion enthält und es dementsprechend keine rein sachliche Kommunikation gibt. Selbst, wenn wir diejenigen nicht kennen und jemandem beispielsweise die Tür aufhalten, ernten wir ein „Danke" – die Emotion besteht also hier in der Höflichkeit als eine Art gezwungene Kommunikation. Sagt mein Chef einer Kollegin, dass sie ihre Arbeit nicht gut macht, endet das in einem ganz anderen Resultat, als wenn ich das zur gleichen Kollegin sagen würde – einfach, da die Emotionen unterschiedliche sind, auch wenn sich die Information nicht ändert. Je nachdem, welche Mimik und Gestik wir nutzen, um die Information zu verstärken, beeinflusst das die Art, wie sie vom Gegenüber angenommen wird.

Im dritten Grundsatz geht Watzlawick davon aus, dass Kommunikation als eine Art Kreis verläuft. Er bezeichnet es als eine Verhaltenskette, wo auf jeden Reiz eine Reaktion folgt, die wir als normale zwischenmenschliche Interaktion kennen. Diese Reize zählen bereits zur Kommunikation, da durch sie das Zwischenspiel beginnt. Vor allem in Partnerschaften lässt sich dieses Phänomen häufig beobachten. Eine Freundin von mir beschwert sich regelmäßig darüber, dass ihr Partner mehr Zeit mit seinem Auto verbringt als mit ihr. Da sie wütend auf ihn ist, beschäftigt sie sich dann auch nicht mit ihm, wenn er da ist, sondern putzt die Wohnung oder telefoniert. Er wiederum sagt, dass er sich aufgrund dessen mit seinem Auto beschäftigt, weil sie sich ja ohnehin anderen Dingen widmet. Hier liegt eine ganz klare Störung zwischen Sender und Empfänger vor, da beide davon ausgehen, dass sie auf der identischen Basis von Informationen handeln. Als Zuschauer könnte man sehr leicht erklären, wie sie diesen Kreislauf verlassen können – dazu gehört jedoch Überwindung und ein gewisses Maß an Nachsicht, wozu nicht jeder bereit ist.

Genauso wie Kommunikation einen inhaltlichen und emotionalen Aspekt hat, unterscheidet Watzlawick weiter in verbale und nonverbale Teile, wobei er sie digital und analog nennt. Digital bedeutet die direkte

Kommunikation, es werden Informationen übermittelt und die Menschen können logische Aspekte knüpfen. Der analoge Bereich kann durch einfache Dinge wie ein Lächeln vermittelt werden, es geht um die Beziehungsaspekte. Die Schwierigkeit besteht darin, dass analoge Kommunikation mehrdeutig ist. Sie können jemanden anlächeln und ihn tatsächlich mögen oder nur höflich sein wollen, während Ihnen der Sinn eigentlich nach etwas anderem stehen würde. Hier entsteht auch der größte Teil der Missverständnisse, indem beispielsweise eine Mimik falsch gedeutet wird und die Menschen anfangen, zu mutmaßen und zu interpretieren, anstatt einfach direkt nachzufragen.

Watzlawicks letztes Axiom lautet folgendermaßen: „Kommunikation ist symmetrisch oder komplementär." Wie sie sich entwickelt, ist davon abhängig, wie die Beziehungsebene zwischen den Gesprächspartnern allgemein gestellt ist. Befinden Sie sich auf der gleichen Ebene, wird sie wahrscheinlich symmetrisch ablaufen. Diese Menschen erkennt man daran, dass sie immer versuchen, Gemeinsamkeiten und Kompromisse zu finden. Gibt es eine Diskrepanz, kippt die Kommunikation in den komplementären Bereich. Dann hat ein Mensch die Oberhand, es gibt beispielsweise immer einen Entscheider und einen, der sich fügt. In beiden Fällen herrscht eine gewisse Dynamik, da die Rollen nicht festgelegt sind. Jeder kennt ein Beispiel für eine komplementäre Wechselbeziehung.

Angenommen, ein Mann und eine Frau gehen einkaufen – sie findet zwei Hosen und kann sich nicht entscheiden, daher bittet sie ihren Mann um Hilfe. Nun steht die Frau da, eine der beiden Hosen hat sie an und die andere hält sie vor den Körper. Der Kopf ist schräg geneigt und alles an ihr drückt Unsicherheit aus. Dann stellt sie die eine entscheidende Frage: „Findest du, ich sehe in der Hose zu dick aus?". Der Mann, unempfänglich für die nonverbalen Signale, deutet die Frage einfach als das, was sie ist und antwortet „Nein Schatz, ich finde dich in allem attraktiv.". Für ihn entspricht das der Wahrheit, sie denkt nun jedoch, dass es ihm egal ist, was sie anzieht, da keiner in der Lage war, die nonverbalen Signale richtig zu deuten.

Um solche Differenzen zu vermeiden, ist es hilfreich, das genaue Problem zu definieren. Hätte die Frau einfach die Frage gestellt, um die es geht, nämlich dass sie unsicher ist, welche der beiden Hosen besser aussieht, und von ihrem Mann eine Entscheidung möchte, hätte es die Differenz niemals gegeben. Umgekehrt hätte der Mann natürlich aufmerksamer sein können, was die Mimik seiner Frau angeht. Aus solchen Kreisläufen kann man ausbrechen, indem man sich genau darüber Gedanken macht und für die folgende Kommunikation versucht, andere Richtlinien zu schaffen.

KOMMUNIKATIONSWERKZEUGE

Um kommunizieren zu können, benötigen Sie verschiedene Informationen, sowohl auf der rein sachlichen als auch auf der emotionalen Ebene. Die Mittel, um diese zu erhalten, bezeichnet man auch als Kommunikationswerkzeuge.

Die rein sachliche Ebene ist sehr einfach zu erklären, denn sie beschreibt, woher Sie Ihr Wissen erlangen. Möchten Sie Informationen zu einer Person oder beispielsweise über ein Ereignis herausfinden, nutzen Sie die Zeitung, das Internet oder Sie befragen andere Personen entweder direkt oder digital über soziale Netzwerke. Ich möchte mich aber vor allem auf die Mittel beziehen, die Ihnen dabei helfen, emotionale Informationen zu erlangen. Sie können jederzeit rein sachlich argumentieren, erwischen Sie Ihren Gegenüber jedoch an seinem sensiblen Punkt, haben Sie es bei einer Manipulation deutlich leichter. Sie erkennen sehr talentierte Verkäufer an genau solchen Punkten: Selbstverständlich erklären sie beispielsweise bei dem Kauf eines neuen Handys auch etwas zur Technik, wie die Kamera funktioniert und wie groß der Speicher ist. Möchten sie jedoch einen Mehrwert für den Kunden ermitteln, nutzen sie die Informationen aus dem Small Talk, beispielsweise über den letzten Urlaub, über das Kind, was mit im Laden steht oder über die Tatsache, dass der Kunde innerhalb von zehn Minuten dreißig Anrufe erhält, weil er geschäftlich sehr gefragt ist – und binden dies in ihr Gespräch mit ein. Die gute Kamera bringt dem Kunden also einen Vorteil, weil er damit im nächsten Urlaub Fotos in HD schießen kann, ohne die große und schwere Spiegelreflexkamera mit schleppen zu müssen.

Das Handy verfügt über ein integriertes E-Mail-Postfach, sodass der Kunde sowohl geschäftliche als auch private Nachrichten jederzeit abrufen kann – gleichzeitig ist er aber auch in der Lage, Pausen festzulegen, sodass er bestimmen kann, wann er erreichbar ist und wann nicht. Ich denke, Sie haben verstanden, was ich meine. Niemand lässt sich manipulieren, wenn er nicht selbst auch einen Vorteil oder einen Nutzen davon hat, und dabei spielt es keine Rolle, ob Sie etwas verkaufen oder einfach ein Gespräch innerhalb der Familie führen möchten.

Es ist wissenschaftlich bewiesen, dass wir uns mehr Mühe geben, mit Menschen zu kommunizieren, die wir gerade erst kennengelernt haben. Im Falle einer Manipulation hat dies natürlich Vor- und Nachteile. Bei Fremden sind Sie automatisch aufmerksamer und vorsichtiger, Sie kennen denjenigen allerdings nicht so gut und müssen sozusagen erst noch seinen Bedarf und seine emotionalen Triggerpunkte ermitteln. Je länger Sie einen Menschen kennen, desto unbewusster wird Ihre Kommunikation. Reflektieren Sie kurz, wie aufmerksam Sie Ihrem Chef und im Vergleich dazu Ihrem Partner zuhören und antworten. Der Unterschied besteht in der emotionalen Ebene, auf der Sie sich bewegen. Auch, wenn Sie Ihren Chef schon viele Jahre kennen, ist es höchst unwahrscheinlich oder selten, dass Sie auch alles aus seiner Kindheit oder über seine Ängste wissen. Sie werden vermutlich niemals seine Wäsche waschen und auch nicht mit ihm in den Urlaub fahren. Um manipulieren zu können, ist es aber notwendig, genau hier keinen Unterschied zu machen – einmal davon abgesehen, dass Ihre Beziehung auch deutlich besser funktioniert, solange Sie aktiv zuhören, weil Sie dadurch etwa die Hälfte aller Missverständnisse vermeiden.

Für eine alltägliche Kommunikation gibt es drei einfache Werkzeuge, derer Sie sich jederzeit flexibel bedienen können: Sie müssen aktiv zuhören und nicht nebenbei Zeitung lesen oder den Geschirrspüler einräumen, denn so riskieren Sie, wichtige Informationen zu verpassen. Wenn Sie der Meinung sind, nicht verstanden zu werden, nehmen Sie sich die Zeit und vergleichen Sie Ihr Selbstbild mit dem Bild, was Ihr Gegenüber von Ihnen hat. Wenn Sie hier Unterschiede feststellen, wissen Sie auch, wo der Fehler im Gespräch liegt – etwa, wenn sie beide unterschiedlicher Meinung sind, was die Verteilung der Aufgabenbereiche angeht. Teilweise werden Sie auch dechiffrieren, also entschlüsseln müssen. Die wenigsten Menschen sagen genau das, was sie meinen, sondern umschreiben es mit weicheren Worten aus der Angst heraus, sonst zu verletzend zu sein. Lesen Sie zwischen den Zeilen – das ist schwer, aber durchaus möglich, vor allem, wenn Sie denjenigen kennen und vorher aktiv zugehört haben.

Trotz aller Vorsicht werden Sie jedoch immer wieder auf Schwierigkeiten stoßen. Auch in diesem Fall bietet Ihnen die Kommunikation Mittel und Wege, um den Knoten zu lockern und die Situation von Neuem aufzurollen. Eine gleichermaßen einfache und schwierige Möglichkeit besteht in der Entschuldigung. Ich weiß, niemand gibt gern zu, dass er einen Fehler gemacht hat – ich schließe mich da selbst nicht aus. Sich zu entschuldigen, bedeutet, sich einzugestehen, dass man und Schwäche zu zeigen. Es sorgt aber auch dafür, dass Ihnen Ihr Gegenüber Vertrauen schenkt. Daher ist es notwendig, um aus einer verfahrenen Situation auszubrechen. Bleibt jeder stur bei seiner Meinung, werden Sie über Kurz oder Lang auf der Stelle treten und Ihrem Ziel, nämlich Ihre Bedürfnisse und Wünsche nicht nur zu äußern, sondern auch zu verwirklichen, kein Stück näherkommen.

Im Gegensatz zum Entschuldigen steht das Beschuldigen. Es ist absolut legitim, wenn Sie sich im Recht sehen und von Ihrer Meinung nicht zurückweichen möchten. Auch das symbolisiert Stärke, nur auf eine andere Art und Weise.

Dennoch ist es gerade in solchen Fällen umso wichtiger, darauf zu achten, wie Sie sich ausdrücken. Versuchen Sie, in Lösungen zu denken, anstatt in Problemen und Ihr Gegenüber nicht immer wieder darauf hinzuweisen, was er falsch gemacht hat. Beziehen Sie sich vielmehr darauf, wie Sie sich mit der Situation fühlen. Das hilft Ihnen zum einen beim Reflektieren, gleichzeitig vermeiden Sie damit jedoch auch, in eine endlose Schuldzuweisung zu rutschen und sich ohne Lösungsansätze in der Diskussion zu verfahren. Gleichzeitig ist es enorm wichtig, in der Situation zu bleiben und die Probleme nicht zu verallgemeinern. Wenn Sie sich darüber aufregen, dass Ihr Partner häufig zu spät kommt, dann versuchen Sie, einen klaren Kopf zu bewahren und sich nur darauf zu beziehen. Ich beobachte viele Paare, die in solchen Momenten vom Hundertsten ins Tausendste rutschen, sodass es am Ende nicht mehr um das eigentliche Thema geht, sondern um den nicht ausgeräumten Geschirrspüler und das nächtliche Schnarchen. Sie dürfen niemals Ihr Ziel aus den Augen verlieren und Sie werden nur dann Erfolg haben, wenn Sie ein Problem nach dem anderen angehen anstatt alle auf einmal.

Wir sehen viel zu viele Dinge mittlerweile als selbstverständlich an. Freunde stehen Ihnen in einer schweren Zeit bei und hören sich Ihre Probleme an, Ihnen wird beim Umzug geholfen oder ein Kollege nimmt Ihnen Arbeit ab, weil er mit seiner bereits fertig ist. Niemand verlangt von Ihnen, dass Sie sich bei jeder Kleinigkeit sofort mit einem Strauß Blumen bedanken, aber von Zeit zu Zeit ist so eine Geste durchaus hilfreich, um die Wertschätzung des Gegenübers zum Ausdruck zu bringen. Ihre Freunde und auch Ihre Kollegen werden nicht dazu gezwungen, zu helfen oder für Sie da zu sein – sie machen es freiwillig. Ein einfaches „Danke“ kann Wunder bewirken und wird dafür sorgen, dass Sie treue und loyale Beziehungen erhalten.

So wie andere Personen für Sie da sind, werden Sie es mit Sicherheit auch umgekehrt sein. Unter Umständen haben Sie auch einem Kollegen die Arbeit abgenommen und diese so gut gemacht, dass Sie dafür Lob von Ihrem Vorgesetzten ernten. Darauf dürfen Sie natürlich stolz sein, denn gute Arbeit oder auch ein guter Freund zu sein, ist keine Selbstverständlichkeit. Aber auch hier gilt: Der Ton macht die Musik. Übertreiben Sie es mit Ihrem Stolz, werden Sie schnell überheblich und arrogant wirken anstatt selbstbewusst und erfolgreich. Achten Sie vor allem in solchen Momenten auf die Mimik der Menschen, die Sie an Ihrem Erfolg teilhaben lassen möchten. Ihre Familie wird sich immer für Sie freuen, wenn Sie einen guten Job gemacht haben, auch, ohne dass Sie sich lange und breit darüber auslassen, und Ihr Partner ist jederzeit stolz auf Sie. Ein klein wenig zu prahlen hilft auch dabei, dass sich die Leute an Sie wenden, wenn sie wissen, dass Sie eine bestimmte Sache gut können.

Bei einer erfolgreichen Kommunikation ist es wichtig, sich emotional nicht auf eine andere Ebene als Ihr Gesprächspartner zu begeben – was Ihnen vermutlich unbewusst passiert, sobald Sie es mit dem Eigenlob übertreiben. Achten Sie dementsprechend auf Ihre Wortwahl und hören Sie lieber einmal mehr aktiv zu, wenn Ihr Gegenüber Ihnen von seinen Erfolgen erzählt. So findet ein reger Austausch statt und niemand fühlt sich hinten angestellt.

Manipulationsgesetze nach Josef Kirschner

Josef Kirschner lebte von 1931 bis 2016. Bekannt war er vor allem als Fernsehmoderator, er befasste sich zu seinen Lebzeiten jedoch auch viel mit Themen wie Selbsthilfe, Glücklichsein und damit, mit sich selbst und seinem Leben im Reinen zu sein. Eines seiner ersten Werke nennt sich „Manipulieren, aber richtig: Acht erfolgreiche Strategien, mit denen Sie auf Menschen Einfluss nehmen.“. Es wurde bereits im Jahr 1974 veröffentlicht, seither jedoch immer wieder zu Rate gezogen. Kirschner bezieht sich in seinen Texten auf die menschliche Manipulation, also die anwendungsorientierte, direkt am lebenden Objekt und abseits von Zahlen und Statistiken. In seinem Buch stellt er eine interessante These auf: Jeder Mensch wird von Geburt an manipuliert und manipuliert seinerseits vom Anfang bis zum Ende, um seine Wünsche zu erreichen. Für ihn ist es Teil des gesellschaftlichen Zusammenlebens. Jedoch war er auch der Meinung, diesen Kreislauf verlassen zu können – allerdings nur unter der Voraussetzung, dass man die „Regeln“ beherrscht und sozusagen selbst Experte auf dem Gebiet der Manipulation ist.

Um das zu erreichen, hat er acht Grundregeln aufgestellt – er nannte sie Manipulationsgesetze. Auf deren Basis wurden im Laufe der Jahre viele weitere Grundlagen und Gedanken geschaffen. Die Kernaussage des Buches ist jedoch abseits der Manipulation ein essentieller Grundgedanke, den Sie in jede Ihrer Überlegungen und Entscheidungen einbeziehen sollten: Sie sind Ihres eigenen Glückes Schmied und nur Sie selbst entscheiden, inwieweit Sie sich beeinflussen lassen möchten oder selbst beeinflussen werden. Es wird Sie niemand dazu zwingen können, da nur Sie Ihr Leben frei gestalten können, sofern Sie den Mut haben, es selbst in die Hand zu nehmen.

1. GESETZ

Das erste Gesetz ist streng genommen genauso einfach wie selbstverständlich: Kenne dein Gegenüber. Gerade am Anfang wird es Ihnen deutlich leichter fallen, diejenigen zu manipulieren, die Sie kennen – ich weiß, dass Sie dabei einen faden Beigeschmack bekommen, aber niemand verlangt, dass Sie Ihre Familie dazu überreden, Ihnen ein Haus zu kaufen. Seien Sie sich immer bewusst, dass jeder Mensch versucht, jeden Menschen zu manipulieren. Dabei spielt es keine Rolle, ob es sich um Ihr Kind, Ihre Eltern oder Ihre Freunde handelt. Gerade, wenn Sie die Menschen mögen, versuchen Sie, immer Ihre Schokoladenseite zum Vorschein kommen zu lassen. Die schlechten Eigenschaften bleiben im besten Fall verborgen und auch das ist bereits eine Art Manipulation.

2. GESETZ

Das Prinzip des zweiten Gesetzes lässt sich sehr gut mit einem bekannten Sprichwort beschreiben: „Wenn Sie wollen, dass die Leute über Sie reden, müssen Sie anecken.“. Niemand wird Ihnen zuhören, wenn Sie immer versuchen, in der großen Masse zu verschwinden. Sie müssen auf sich aufmerksam machen, denn nur, wenn die Menschen Sie bemerken, haben Sie auch die Chance, Ihre Wünsche und Bedürfnisse überhaupt erst einmal bekannt zu machen. Sie müssen sich also an den Gedanken gewöhnen, aufzufallen und sich aus der Menge abzuheben, um Ihre Ziele zu erreichen. Wenn Sie nicht der Typ Mensch für große Reden sind, ist das nicht so tragisch – das bin ich auch nicht. Glücklicherweise gibt es einige einfache Mittel, derer Sie sich bedienen können. Ich habe damals damit angefangen, Dinge zu tun, die die Menschen nicht von mir erwartet haben. Dazu muss ich erklären, dass ich ein Mensch bin, der sehr gern plant und es auf den Tod nicht ausstehen kann, wenn meine Pläne spontan verworfen werden. Ich habe mich jedoch, als ich dieses Experiment begonnen habe, eines Tages dazu entschieden, eine Änderung meiner

Pläne einfach hinzunehmen, anstatt davon schlechte Laune zu bekommen. Es hat die Leute überrascht und ihr Verhalten verändert – einfach nur dadurch, dass ich mit meiner Routine gebrochen habe. Anstatt mich zu manipulieren, indem sie wussten, dass ich am Ende klein beigeben würde, hatte ich es geschafft, sie zu manipulieren, indem sie mich schlussendlich fragten, ob ich nicht doch vielleicht lieber etwas anderes machen möchte.

Es gibt viele alltägliche Beispiele, bei denen typische Reaktionen quasi schon zum guten Ton gehören: Auf Trauer wird mit Trauer, Mitgefühl oder Aufmunterung reagiert. Hält man jemandem die Tür auf und hört kein „Danke", ruft man laut „Bitte", um Höflichkeit einzufordern – und meistens funktioniert das auch. Es gibt auch Menschen, die schon fast gewohnheitsmäßig in der Lage sind, aus der Routine auszubrechen. Das sind diejenigen, die automatisch alle Aufmerksamkeit haben, sobald sie einen Raum betreten. Alle anderen Menschen müssen eben kreativ sein.

Ein weiteres, eigentlich sehr einfaches Mittel, um aufzufallen, besteht in der gezielten Streuung von Komplimenten oder Schmeicheleien. Dieses Training habe ich häufig mit neuen Mitarbeitern in meiner damaligen Firma durchgeführt. Wir sind durch die Stadt gegangen und haben wildfremde Leute angesprochen und ihnen positive Dinge zu ihrer Kleidung, ihren Haaren oder ihrem Lächeln mitgeteilt. Sowas ist nicht üblich – vor allem nicht in unserer negativ denkenden Gesellschaft. Machen Sie Ihrem Partner ein Kompliment, wenn Sie finden, dass er oder sie gut aussieht oder gut duftet – ich verspreche Ihnen, er wird sich den ganzen Tag immer wieder daran erinnern und dadurch ein positives Gefühl haben.

Umgekehrt können Sie auch bewusst provozieren, natürlich nicht gleichzeitig oder direkt nacheinander, aber mit ein wenig Übung werden Sie in der Lage sein, schnell und variabel zu entscheiden, was gerade angebrachter ist – je nachdem, wer Ihnen gerade gegenübersteht. Selbstverständlich bedeutet Provokation nicht automatisch, jemanden zu beleidigen. Es kann schon reichen, wenn Ihr Vorgesetzter von Ihnen etwas verlangt, von dem Sie wissen, dass es eine dumme Entscheidung ist, und Sie mit einem „Nein“ antworten, wo er eigentlich mit einem „Ja“ gerechnet hätte. Umgekehrt provozieren Sie auch, indem Sie auf eine Provokation falsch eingehen. Erinnern Sie sich noch an den letzten Streit mit Ihrem Partner? Unter Umständen hat er damit gedroht, seine Sachen zu packen und zu gehen in der Erwartung, dass Sie ihn mit allen Mitteln davon abhalten – was verständlich ist, denn Sie lieben ihn ja. Was denken Sie jedoch passiert, wenn Sie sich dazu entscheiden, zu sagen, das Abstand vielleicht wirklich die beste Lösung wäre? Sie wechseln von der Verteidigung in den Angriff. Auch das zählt als Provokation und Sie werden überrascht sein, welche Möglichkeiten sich dadurch für Sie offenbaren.

3. GESETZ

Kennen Sie das Sprichwort „Wissen ist Macht“? Ich habe es als Kind immer wieder gehört und bin lange Zeit davon ausgegangen, dass meine Eltern und Großeltern mich nur dazu anhalten wollten, brav für die Schule zu lernen. Mittlerweile bin ich allerdings der Meinung, dass sie damit durchaus Recht hatten. Gerade im Hinblick auf Manipulation kann Wissen Ihnen einen enormen Vorteil gegenüber Ihren Mitbewerbern und Konkurrenten verschaffen. Auch hier liefert eine Partnerschaft ein alltägliches Beispiel: Angenommen, Sie schlagen etwas für die Freizeit vor – und außer Ihnen erzählen noch Freunde und Bekannte von anderen Aktivitäten. Alle bringen Beispiele hervor, aber nur Sie sind in der Lage, Argumente zu liefern, die auf Ihren Partner zugeschnitten sind. Im Vertrieb nennt man dieses Phänomen „Bedarf erwähnen“ oder auch Kundennutzen. Im Zweifelsfall entscheidet sich jeder Mensch für das, woraus er den größten Nutzen oder Vorteil ziehen kann. Nur, wenn Sie mit Wissen punkten, sind Sie in der Lage, eben genau diesen Nutzen herauszufiltern und dann aktiv in Ihre Art und Weise, zu kommunizieren, einzubinden.

Bei all diesen Hinweisen müssen Sie sich aber auch jederzeit bewusst machen, dass Misserfolge zum Leben dazu gehören. Es wird Ihnen nichts helfen, sich in Ausreden zu verkriechen, indem Sie die Schuld auf jemand anderen schieben, auf die äußeren Umstände, den Alltag oder den anstrengenden Chef, der Ihnen gerade das Leben schwer macht. So wie Salz und Zucker immer zusammengehören, verhält es sich auch mit dem Gewinnen und Verlieren. Ich versichere Ihnen, dass jeder Mensch, der zu den Gewinnern des Lebens zählt, vorher viele Rückschläge einstecken musste – jedenfalls bei 99 Prozent der Fälle. Im Leben gibt es nichts geschenkt und um ein so komplexes Aufgabenfeld wie Manipulation sehr gut beherrschen zu können, werden Sie sich immer wieder auf Niederlagen gefasst machen müssen. Das ist aber nicht schlimm, denn wenn Sie versagen, haben Sie etwas falsch gemacht und können aus diesen Fehlern neues Wissen und neue Erkenntnisse ziehen. Versuchen Sie, es als sportlichen Wettkampf zu sehen – hier wird auch nicht aufgegeben, wenn man verliert, sondern noch härter trainiert und immer weiter gemacht, bis man an der Spitze steht.

Sie wissen nun, wie Sie die Aufmerksamkeit bekommen, die Sie benötigen, um Ihre Ziele anzubringen und durchzusetzen. Nun geht es darum, wie Sie das, was Sie möchten, sinnvoll verpacken. Auch solche Dinge gehören zur Manipulation. Selbstverständlich können Sie auch versuchen, mit dem Kopf durch die Wand und auf Teufel komm raus alles frei heraus zu sprechen – und bis zu einem gewissen Grad ist das auch notwendig, immerhin möchten Sie ja anecken. Geht es allerdings um die Dinge, die Ihnen wirklich wichtig sind, ist es zum Teil notwendig, die Dinge neu zu formulieren. Wir leben in einer Gesellschaft, in der die Menschen gleichzeitig frei ihre Wünsche ausleben und sich an alle Etiketten halten möchten. Mit Konfrontation können Sie die Menschen überraschen, unter Umständen riskieren Sie aber auch, dass sie dadurch jede Art der Kommunikation Ihnen gegenüber blockieren und Sie im Endeffekt auf der Stelle treten. Ich habe im Bekanntenkreis einen Freund, der dafür das absolut passende Beispiel ist. Er könnte es im

Leben unwahrscheinlich leicht haben, da er sehr aufmerksam ist, was die Reaktionen der Leute um ihn herum angeht – aber er muss immer sagen, was er denkt, und kann seine Meinung nicht verschweigen. Dadurch hat er regelmäßig Probleme mit Vorgesetzten und auch mit seinen Freunden. Er sagt immer, er möchte sich nicht verstellen, um Leuten zu gefallen, aber auch er hat Wünsche und Bedürfnisse, die er dadurch nicht erreichen kann.

In seinem Leben muss sich jeder früher oder später selbst verkaufen – beispielsweise bei einem Bewerbungsgespräch. Sie sitzen vor einem potentiellen Vorgesetzten, der das folgende Problem hat: Er hat einen Job anzubieten, für den er einen qualifizierten Mitarbeiter sucht. Ihre Aufgabe besteht nun darin, sich selbst so gut zu verkaufen, sprich zu verpacken, dass er der Meinung ist, dass genau Sie diese Person sind. Dabei spielt es eine untergeordnete Rolle, ob das zu hundert Prozent der Wahrheit entspricht. Wenn Sie die eine oder andere Aufgabe nicht bewerkstelligen können, weil Ihnen Fachkenntnis oder Erfahrung fehlt, wird er Ihnen sicherlich helfen und Sie nicht gleich wieder kündigen. Worum es geht, ist tatsächlich, sich erst einmal die Chance zu erarbeiten.

4. GESETZ

Ein weiteres Gesetz der Manipulation beschreibt die Kunst der Wiederholung. Informationen und Sachverhalte gewinnen an Glaubwürdigkeit, je öfter man sie hört oder liest beziehungsweise, wenn eine offizielle Stelle das Ganze bestätigt hat. Gerade bei diesem Gesetz bin ich tatsächlich auch selbst gern Opfer einer Manipulation – ich lasse mein Auto beispielsweise lieber in einer geprüften Vertragswerkstatt reparieren als, vereinfacht gesagt, irgendwo auf einem Hinterhof. Gerade beim Thema Nachrichten geschieht durch die Wiederholung immer wieder Faszinierendes: Angenommen, ich erzähle Ihnen, ich habe ein pinkes Einhorn gesehen, würden Sie mir glauben?

Vermutlich nicht und das ist absolut verständlich. Kommt es abends allerdings in den Nachrichten und Sie lesen es am Tag darauf in der Zeitung, werden Sie vermutlich überlegen, ob ich nicht vielleicht doch die Wahrheit erzählt habe – und anfangen, an pinke Einhörner zu glauben. Man nennt dieses Prinzip auch quantitative Multiplikation. Das bedeutet, dass man sich die breite Masse zu Nutze macht, um dadurch Glaubwürdigkeit zu erlangen. Diese geht meist einher mit einer weiteren Möglichkeit zur Wiederholung, der qualitativen Verstärkung. Diese bedeutet die Bestätigung durch offizielle Stellen wie Zeitungen oder Behörden. Denn wenn es alle sagen, muss ja schließlich etwas dran sein – oder vielleicht doch nicht?

Dieses Phänomen können Sie auch ohne Weiteres in Ihre eigene Kommunikation integrieren. Sind Sie eventuell gerade von einem Menschen begeistert, den Sie erst kürzlich kennen gelernt haben, und möchten Sie mit ihm in engeren Kontakt treten? Nutzen Sie die Wiederholung für Ihre Zwecke. Schreiben Sie ihm immer einmal wieder und wenn Sie sich sehen, unterhalten Sie sich. Das wiederholte Sehen, Ihre Stimme – das alles wird sich einprägen und dafür sorgen, dass Sie im Gedächtnis des anderen bleiben. Auf sprachliche Mittel bezogen wird das auch stereotype Wiederholung genannt. Man prägt sich also ein, indem man immer wieder das Gleiche sagt oder tut.

5. GESETZ

Ihnen ist sicher bekannt, dass es diverse Theorien zu Kopf- und Herzmenschen gibt? Im Allgemeinen besagen sie alle, dass manche Menschen Entscheidungen eher aufgrund von Pro und Kontra, der Vernunft oder aufgrund von Informationen treffen, während andere frei aus dem Bauch heraus nach ihren Gefühlen und Launen entscheiden. Die meisten Menschen denken mit ihrem Herzen und treffen daraus Entscheidungen. Wie oft haben Sie im Supermarkt schon Dinge gekauft, weil Sie genau in diesem Moment Appetit darauf hatten, oder aus Trotz heraus eine

Entscheidung getroffen, von der Sie nach kurzem Nachdenken fanden, dass es vielleicht nicht Ihre beste Idee war? Sich so zu verhalten, ist absolut menschlich.

Gerade Kaufentscheidungen basieren meist nicht auf Vernunft, sondern auf Gefühlen. Ich lebe in einer Wohnung, die eigentlich viel zu groß für mich ist, mit zwei Bädern, einem großen Balkon und einem wunderschönen Fußboden. Rein rational betrachtet würde ein kleines Apartment mit einem Bad und einem Zimmer vollkommen ausreichen – aber ich mag meine Wohnung und ich mag das kleine bisschen Luxus. Ich bin auch stolz darauf, dass alle meine Freunde mich ein wenig um mein kleines Heim beneiden. Die Entscheidung, hierzubleiben, beruht also nur auf meinen Gefühlen.

Bei einer erfolgreichen Manipulation ist es allerdings wichtig, einen kühlen Kopf zu bewahren. Indem Sie Ihr Gegenüber kennen, wissen Sie, ob Sie mehr mit Hilfe von Informationen oder Emotionen arbeiten müssen. Gleichzeitig müssen Sie aber auch damit rechnen, dass die anderen mit Ärger auf Ihre Versuche reagieren. Das ist ja auch eines der Ziele, immerhin möchten Sie unter anderem provozieren, um Aufmerksamkeit zu erhalten und nicht gleich wieder vergessen zu werden. Sie dürfen das aber auf keinen Fall persönlich nehmen, denn sonst reagieren Sie genauso, wie die Leute es von Ihnen erwarten. Machen Sie sich auf solche Reaktionen gefasst, denn Sie wissen, dass sie kommen werden, und überlegen Sie sich vorher, wie Sie sie zu Ihrem Vorteil nutzen können. Die meisten Leute leben nach gewissen Werten wie etwa Ehrlichkeit, Disziplin, Ordnung, Gerechtigkeit oder Treue. Wissen Sie, welche Werte wichtig sind, können Sie genau darauf Ihre Argumentation aufbauen.

Wenn Sie zum Beispiel bei einem Menschen zu Besuch sind, bei dem nichts herumsteht, es immer aufgeräumt ist und man gefühlt vom Boden essen kann, können Sie sich sicher sein, dass er Wert auf Ordnung, Planmäßigkeit, Routine und Struktur legt. Wenn Sie also an genau diesen Menschen eine Anforderung stellen, wird es hilfreich sein, wenn Sie sich dabei auf genau diese Werte beziehen. Im besten Fall können Sie es mit einem Problem kombinieren, das er gerade auch hat.

Mein bester Freund ist auch ein Mensch, der über Struktur leicht zu ködern ist. Er hasst das Chaos und weiß meist schon beim Aufstehen bis auf die letzte Minute, wie sein Tag ablaufen wird. Wir hatten letztens den Fall, dass wir zusammen zu Abend essen wollten, ich allerdings – chaotisch wie ich nun einmal bin – hatte mich zeitlich völlig verschätzt und wäre viel zu spät gekommen. Eine der Aufgaben, die ich noch zu erledigen hatte, war Einkaufen. Das mache ich absolut ungern, da die vielen Menschen für mich Stress bedeuten und ich gleichzeitig noch auf der Arbeit festhing. Um ihn nicht zu verärgern, fragte ich ihn, ob er für mich einkaufen gehen würde – was er natürlich gern tat, da er in der Lage ist, ordentlich und strukturiert durch so einen Laden zu gehen, ohne etwas Sinnloses zu kaufen. Somit wurde sein Bedürfnis nach einem pünktlichen Abendessen erfüllt, erlöste mich aber auch von der Aufgabe, einkaufen zu müssen oder mich extrem zu beeilen.

Wenn Sie es auf die Spitze treiben möchten, werden Sie in der Lage sein, die Leute von sich abhängig zu machen, ohne dass diese es mitbekommen. Die Menschheit ist voll von Bedürfnissen und Wünschen und wenn Sie möchten, können Sie, sobald Sie diese Bedürfnisse kennen, alles erreichen, was Sie vorhaben. Eine Freundin von mir lebt nur für den Zweck, andere glücklich zu machen. Sie arbeitet auch als Altenpflegerin und nimmt jeden bei sich zuhause auf, der gerade Streit mit seinem Partner oder Probleme mit seiner Wohnung hat. Geht bei uns im Freundeskreis ein Auto kaputt, gibt sie ihres her. Das mag jetzt ein extremes Beispiel sein, aber auf die eine oder andere Art und Weise sind wir alle von bestimmten Dingen getrieben. Im Falle meiner Freundin kann jeder alles bekommen, sofern er ihr damit das Bedürfnis gibt, gebraucht zu werden. Das mag unwahrscheinlich egoistisch wirken – wenn Sie jedoch nur eine Sekunde ehrlich zu sich sind, wird Ihnen auffallen, dass jeder Mensch egoistisch arbeitet. Wenn es im Zweifelsfall darum geht, selbst eine

Kugel zu fangen oder am Leben zu bleiben, würden wir alle, außer einige wenige Personen, ausweichen, um uns selbst zu retten.

6. GESETZ

Haben Sie Kinder? Falls nein, gibt es sicherlich in Ihrem Freundes- oder Bekanntenkreis das eine oder andere kleine Lebewesen. Jedes Kind durchläuft früher oder später eine trotzige Phase, in der es nicht hören und seine Grenzen austesten möchte. Eltern bedienen sich in solchen Situationen ab einem gewissen Punkt immer dem gleichen Mittel zur Erziehung: Sie drohen damit, Dinge wegzunehmen oder Verbote einzurichten, und arbeiten dementsprechend mit der Angst des Kindes, ihm etwas wegzunehmen, was es vorher schon hatte. Diese Angst bestimmt auch im weiteren Leben die meisten aller menschlichen Entscheidungen. Wählen wir eine bestimmte Sache, verlieren wir dadurch eine andere. Bei einer erfolgreichen Manipulation sind Sie in der Lage, einen anderen Menschen von einer bestimmten Sache so abhängig zu machen, dass er nach gewisser Zeit bereit ist, auch größere Opfer zu bringen, um sie nicht zu verlieren.

In der heutigen Gesellschaft trifft dieses Phänomen beispielsweise auf Kinder und Handys zu. Nachdem sie gefühlt schon damit verwachsen sind, sind sie bereit, ihre Zimmer aufzuräumen, Hausaufgaben zu machen und nicht zu bocken, nur damit sie die kleinen technischen Geräte behalten dürfen. In meinem Fall wäre es etwa mein morgendlicher Kaffee, ohne den ich nicht bereit bin, das Haus zu verlassen. Ich behalte dieses Ritual schon einige Jahre bei und bin unerträglich, wenn ich einmal verschlafe oder keinen Kaffee mehr zuhause habe und dementsprechend ohne aus dem Haus gehen muss. Würde mir jetzt jemand sagen, dass ich ab sofort nie wieder morgens Kaffee trinken kann, außer ich verspreche, ab sofort jede Woche die Fenster zu putzen – ich hasse diese Aufgabe übrigens –, würde ich es sofort machen.

Einige Leben auch in Angst vor der Realität und flüchten sich regelmäßig in andere Welten, beispielsweise in Form von Videospielen, um dem alltäglichen Wahnsinn wenigstens eine gewisse Zeit entfliehen zu können. Jeder Mensch hat Wünsche, von denen klar ist, dass sie sich nicht mit dem reellen Leben vereinbaren lassen. Ich würde zum Beispiel gern in einem Haus am See leben oder auf einer Insel mit einer großen Rennstrecke und vielen Autos – tatsächlich wohne ich jedoch in einer Mietwohnung und gehe von Montag bis Freitag zur Arbeit. Für mich ist das vollkommen in Ordnung, ich weiß, dass Träume dazu da sind, mir einen Antrieb zu geben. Es gibt aber auch Personen, die die Diskrepanz zwischen ihren Wünschen und ihrem tatsächlichen Leben nicht verkraften und daher ständig in Sorge um Geld, um die Zukunft oder um andere Dinge leben.

Vor allem, wenn das Leben einmal nicht so läuft, wie wir es uns wünschen, wenn uns ein Partner verlässt oder man seinen Job verliert, hat man immer die Wahl, sich dem Problem zu stellen und es anzugehen oder sich in der Angst zu verlieren, dass man dadurch scheitern könnte. Die meisten Menschen entscheiden sich für die Flucht, sie beschäftigen sich nicht mit der Herausforderung, sondern verdrängen sie, indem sie beispielsweise nicht überlegen, warum der Partner sie verlassen hat, sondern es auf eine dritte Person schieben oder auf denjenigen, der gegangen ist. Einige wenige entscheiden sich für die Konfrontation, sie reden und denken darüber nach, was falsch gelaufen ist, und versuchen, es beim nächsten Mal besser zu machen. Selbst solche Menschen, egal wie mutig sie sind, zweifeln zwischendurch und überdenken, ob sie es wirklich schaffen können.

Solche Momente können Sie zu Ihrem Vorteil nutzen. Der Mensch ist ein Steh-auf-Männchen, wir sind dazu gemacht, Probleme zu bewältigen, egal wie anstrengend es werden kann. An diesem Gedanken können Sie sich festhalten, wenn Sie selbst einmal in der Zwickmühle stecken. Im Zweifelsfall nimmt aber jeder von uns eine helfende Hand an – wenn Sie es richtig anstellen, wird das Ihre Hand sein. Jeder, der gerade getrennt ist, hört sich liebend gern die Probleme anderer an, um nicht über seine eigenen nachdenken zu müssen. Auch das fällt unter Manipulation, denn Sie können einen Ausweg bieten und es so schaffen, dass diese Menschen immer wieder zu Ihnen kommen, da Sie Ihnen in einer schweren Zeit beigestanden haben.

Eine weitere große Sorge des Erwachsenenlebens besteht in der Angst vor dem Ungewissen. Jeder Mensch steht früher oder später vor der Entscheidung, entweder das Gewohnte beizubehalten – etwa einen gewohnten Job, obwohl man den Chef gar nicht leiden kann oder den gewohnten Partner, obwohl ein anderer Mensch vielleicht reizvoller wäre – oder einen Kopfsprung ins kalte Wasser zu wagen, um etwas Neues zu versuchen.

Doch wie oft machen wir das am Ende wirklich? Üblicherweise behalten wir unseren Alltag bei, da ja niemand versprechen kann, dass das Neue wirklich besser ist – gegebenenfalls verlieren wir also etwas, obwohl es vielleicht doch nicht so schlecht war. Bezogen auf Manipulation bedeutet diese Art der Angst, dass sie bereits entsteht, bevor überhaupt absehbar ist, ob sie berechtigt ist. Angenommen, Sie bekämen morgen ein Angebot für einen neuen Job mit sehr gutem Gehalt und in einem angenehmen Umfeld, sodass Sie jeden Tag mit einem Lächeln an die Arbeit gehen würden. Im ersten Moment wären Sie natürlich begeistert, irgendwann würde sich aber die Frage einschleichen, ob es wirklich gut wäre, jetzt zu wechseln. Immerhin haben Sie einen sicheren Job, natürlich könnte es dort besser sein und mehr Geld wäre nie schlecht – aber Sie haben keine Probezeit mehr, einen festen Stand in Ihrer Position und Sie wissen genau, was Sie tun. Wollen Sie das wirklich eintauschen?

Das alles sind nur kurze Impulse – genau diese kann man aber gezielt steuern und streuen. Wenn Sie also derjenige sind, der beispielsweise einen Mitarbeiter an eine bestimmte Position steuern möchte, können Sie sich genau diese Angst zu Nutze machen, indem Sie sie immer wieder in sein Gedächtnis holen – um ihm am Ende einen Ausweg zu geben, beispielsweise in Form einer Sicherheit. Der Betroffene wird Ihnen so dankbar sein, dass er Ihnen anschließend jeden Wunsch erfüllt.

Zuerst ist es aber wichtig, selbst zu verstehen, woher diese Ängste rühren – dadurch können Sie es schaffen, sie zu rationalisieren und selbst weniger empfänglich für Manipulationen von anderen zu sein. Wie ich bereits sagte, jeder Mensch wird von Angst gesteuert, Sie können diesem System jedoch entfliehen. Wenn Sie wieder einmal in einer solchen Situation stecken, fragen Sie sich, woher Ihre Angst überhaupt rührt. Nehmen Sie sich die Zeit und versuchen Sie, Ihre aktuelle Lage so neutral wie möglich zu betrachten. Anschließend denken Sie darüber nach, was das Schlimmste wäre, was Ihnen passieren könnte. Ihr Partner hat Sie verlassen? Mehr als wegbleiben kann er nicht und das ist ohnehin schon passiert. Sie werden schon nicht allein sterben und wenn es mit diesem Menschen nicht funktioniert hat, wird das schon seine Gründe gehabt haben. Sie können aber auch jederzeit das Risiko eingehen und versuchen, ihn oder sie zurückzugewinnen. Grundlegend stehen Ihnen immer alle Möglichkeiten offen und es liegt allein an Ihnen, welche Variante Sie wählen. Selbst, wenn es nicht funktioniert, haben Sie es zumindest versucht. Allein dieses neutrale Bewerten Ihrer Situation wird Ihnen bereits dabei helfen, Kraft zu tanken und Ihrer Angst entgegenzutreten.

7. GESETZ

Das Leben ist voller Entscheidungen. Egal, wie sehr wir es uns wünschen, niemand kann alles haben – entscheiden wir uns für das eine, werden wir wohl oder übel auf das andere verzichten müssen. Manchen Menschen fällt es leichter, Entscheidungen zu treffen, als anderen. Bei mir ist es beispielsweise sehr von der Situation abhängig. Ich bin im Berufsleben oder bei alltäglichen Dingen mühelos in der Lage, Prioritäten zu setzen und mich dementsprechend festzulegen, was aktuell am wichtigsten ist und zuerst angegangen werden muss. Geht es um den emotionalen Bereich, wäge ich endlos lange das Für und Wider ab und habe große Probleme damit, Entscheidungen zu treffen. Ich kann Ihnen aber ein Geheimnis verraten: Wenn Sie wissen, was Sie wollen, werden Sie automatisch glücklicher.

Wir lassen uns meist das Leben aus der Hand nehmen, indem wir uns sagen lassen, welche Kleidung wir auf der Arbeit anziehen, welche Lebensmittel gerade gesund und ungesund sind oder mit wem wir Kontakt halten sollen, weil er gut für uns ist. Wenn Sie jedoch darüber nachdenken, sollten Sie sich vor allem eines fragen: Warum? Wenn ich Lust auf eine Tafel Schokolade habe, warum esse ich sie nicht einfach? Weil es ungesund ist? Das sind so viele Dinge im Leben. Ihre Bedürfnisse und Wünsche in dem Moment zu stillen, in dem Sie sie haben, wird Sie dennoch um einiges glücklicher machen, als darauf zu verzichten, nur weil es Ihnen so gesagt wurde. Erinnern Sie sich noch an meinen Bekannten, der immer mit dem Kopf durch die Wand möchte? – Er ist einer der glücklichsten Menschen, die ich kenne. Natürlich eckt er sehr oft an, aber er verbiegt sich für niemanden und ist immer zu hundert Prozent er selbst. Dadurch ist er ausgeglichen und mit sich selbst im Reinen und wenn ich ehrlich bin, habe ich ihn lange Zeit dafür beneidet.

Die Fähigkeit eines Menschen, Entscheidungen zu treffen, beeinflusst maßgeblich sein Verhalten bei einer Manipulation. Im Wesentlichen kann man hier zwei Typen unterscheiden – diese werden Ihnen in den seltensten Formen genauso begegnen, aber eine der beiden Versionen ist immer etwas ausgeprägter. Bei jedem Typen werden Entscheidungen von zwei Faktoren beeinflusst: den eigenen Bedürfnissen und der Umwelt, vereinfacht gesagt dem Gedanken „Was sagen die anderen dazu?". Mein Kleiderschrank enthält beispielsweise einige Stücke, die ich nur gekauft habe, um meinem Opa eine Freude zu machen, wenn wir Essen gehen. Ich trage üblicherweise viel dunkle Kleidung, ich weiß aber, dass er sich bei mir etwas mehr Farbe wünschen würde. Also habe ich speziell für solche Anlässe einige Stücke in Weiß und Türkis.

Möchten Sie also einen Menschen anhand seiner Fähigkeit, Entscheidungen zu treffen, manipulieren, müssen Sie ihn zuerst danach beurteilen, unter welchem Aspekt er diese trifft. Sind ihm die eigenen Gedanken oder Gefühle wichtig oder doch mehr das, was der Rest der Welt davon halten könnte? Haben Sie es mit einem Menschen zu tun, der danach handelt, was für ihn wichtig ist, wird er jeden Ihrer Vorschläge danach beurteilen, ob er das auch wirklich tun möchte. Ihn werden Sie nicht damit ködern können, dass es „das Beste" ist oder „ein gutes Bild macht". Hier haben Sie es bei dem anderen Typen deutlich leichter. Sie werden sicher einige solcher Personen kennen – es sind diejenigen, die sich immer dem Gruppenzwang beugen und beispielsweise mit ins Kino gehen, um einen Horrorfilm zu gucken, obwohl Sie gar keine Horrorfilme mögen und jeder das weiß. In jedem amerikanischen Teenagerfilm sind es die Protagonisten, die alles tun, nur um endlich bei den anderen Kindern beliebt zu sein. Ihre Aufgabe bei einer erfolgreichen Manipulation ist es, die Grundeinstellung zu erkennen und Ihre Argumente dementsprechend vorzubeugen.

Umgekehrt sind auch Sie selbst natürlich mehr der eine oder andere Typ. Um einer Manipulation der eigenen Person vorzubeugen, müssen Sie also auch verstehen, aus welcher Motivation heraus Sie manipuliert werden sollen.

Nehmen Sie sich zuerst die Zeit, zu ermitteln, auf welcher Grundlage Sie im Allgemeinen Ihre Entscheidungen fällen. Mir ist vollkommen klar, dass jeder Mensch am liebsten nur auf Basis seiner eigenen Bedürfnisse sein Leben gestalten möchte – de facto gibt es aber immer wieder Situationen, in denen jeder von uns anders wählt. Auch hier können Sie sich jederzeit nach dem warum fragen – also, warum verzichten Sie beispielsweise auf die Schokolade? Ist es, weil Sie wirklich nicht zunehmen möchten oder doch vielmehr, weil Sie das Gerede der Leute um Sie herum vermeiden wollen?

Sobald Sie sich darüber im Klaren sind, können Sie ermitteln, zu welchem Zweck Sie manipuliert werden sollen. Die meisten Menschen agieren aus der Chance auf einen Vorteil heraus. Ich kenne ein typisches Beispiel aus meiner Berufsschulzeit: Eine Klassenkameradin kam etwa ein Jahr jeden Tag mit dem Bus zu mir nach Hause, um sich von dort aus mit mir in mein Auto zu setzen – ihre Aussage dazu war, dass ich ja ohnehin die Strecke fahren müsse und es daher keinen Unterschied mache. Nach etwa einem Jahr fragte ich sie, ob sie vielleicht gewillt wäre, mir auch einmal Geld zum Tanken dazu zu geben – seitdem ist sie wieder Bus gefahren.

Hierbei handelt es sich um den direkten Weg. Gleichzeitig gibt es auch die indirekte Variante, also den Weg, der vielleicht etwas länger dauert, aber genauso zum Ziel führt. Ich habe bei Gruppenarbeiten am Ende meist alles allein erledigt, da ich gute Noten haben wollte und sehr ungern das Zepter aus der Hand gebe. Nachdem das einige Leute mitbekommen hatten, wollten auf einmal alle mit mir zusammenarbeiten – sie arbeiteten mir unbefriedigende Unterlagen zu, die für sie keinen großen Aufwand bedeuteten, da sie wussten, dass ich mich am Ende sowieso darum kümmern würde. Dementsprechend hatten sie den Vorteil einer guten Note und mehr Freizeit. Diese Methode ist nicht ganz so subtil, erzielt aber die gleiche Wirkung und zielte in meinem Fall auf meinen Ehrgeiz ab. Das Ganze hat übrigens so lange funktioniert, bis ich bei meinen Lehrern beantragt habe, allein zu arbeiten.

Neben den Entscheidungen, die wir im Alleingang treffen, gibt es auch solche, die von anderen motiviert werden – entweder weil wir uns an Dritten orientieren oder aber auf sie Rücksicht nehmen. Mein Opa hat eine Freundin, die weder meine Mutter noch ich leiden können. Er ist jedoch gleichzeitig ein Vorbild für mich, er ist unwahrscheinlich intelligent und gefühlt kann ihn nichts aus der Bahn werfen. Er macht nur Dinge, die er für richtig hält, aber er ist auch sehr höflich und zuvorkommend. Das heißt, er ist für mich ein Vorbild und daher achte ich viel mehr auf meine Wortwahl, wenn er anwesend ist. Seine Freundin wird von mir toleriert und selbstverständlich unterhalte ich mich auch mit ihr normal und freundlich – allein schon, weil ich weiß, dass mein Opa das über die Jahre mit meinen Partnern genauso gehalten hat, egal, ob er sie leiden konnte oder nicht. Das mache ich aus Rücksicht auf meinen Opa, denn eigentlich würde ich ihr gern sagen, dass sie keinerlei Benehmen hat und endlich aufhören soll, permanent alles und jeden zu kritisieren. Diese Art der Manipulation geschieht meist im engsten Kreis, denn um jemanden als Vorbild zu betrachten, müssen wir ihm in gewisser Art und Weise nahestehen.

Bei jeder Entscheidung, die getroffen wird, ist der letzte Moment, also jener, bevor Sie endgültig Ja oder Nein sagen, signifikant. Möchten wir jemanden zu einer Entscheidung drängen, können wir in genau diesem Moment verlieren – jedenfalls dann, wenn derjenige in der Lage ist, ein letztes Mal kurz Abstand zu nehmen. Sie hatten doch sicherlich schon einmal unangekündigt Vertreter vor der Tür stehen, richtig? Diese arbeiten mit dem Prinzip, Ihnen die Entscheidung und vor allem, Ihnen diese letzte Chance zur Überlegung abzunehmen. Nicht umsonst hat der Gesetzgeber ein Widerrufsrecht bei Haustürgeschäften eingeführt. Diese Tricks sind allgemein bekannt und Kaufreue ist eines der häufigsten Symptome, die anschließend eintreten können.

Wenn Sie jemanden manipulieren, sollten Sie also versuchen, genau diesen letzten Moment zu überspringen und anschließend ein gutes Gefühl zu übermitteln. Dafür können Sie sich die anderen Gesetze zu Nutze machen, indem Sie darauf eingehen, wie sehr er oder sie damit hilft, wie aufrichtig diese Entscheidung war oder dass er oder sie sich damit als treuer Freund beweist. Alternativ kann es helfen, wenn Sie ein letztes bekräftigendes Argument ins Spiel bringen, sozusagen ihren letzten Trumpf – bei mir bezogen auf die Gruppenarbeit war es fortlaufend die Aussage, dass ohne mich eine so ausgezeichnete Arbeit nicht möglich sein könnte.

8. GESETZ

Kommunikation ist steuerbar und je besser Sie vorbereitet sind, desto einfacher wird Ihnen die Manipulation fallen – oder umgekehrt, desto schwieriger wird es, Sie zu manipulieren. Meine Mutter pflegte früher immer ein bestimmtes Sprichwort: „Auch wenn es Nachdenken heißt, sollte man es hin und wieder vorher tun.“. Die meisten Menschen sprechen einfach frei heraus, ohne über die Bedeutung und Wirkung ihrer Worte nachzudenken.

Tatsächlich sind Sprache und Kommunikation aber bedeutende Mittel, die wir uns zu Nutze machen können. Worte können mehr verletzen als ein Messer und viel schwerwiegendere Schäden anrichten als ein Brand. Sie können aber umgekehrt auch tröstender sein als eine Umarmung. Manipulation und Kommunikation stehen in direktem Zusammenhang – Sie können natürlich auch nonverbal kommunizieren, auch hier gibt es einige Tricks. Das ist allerdings erheblich schwieriger und bei Personen, die nicht empfänglich für nonverbale Signale sind, auch weniger wirkungsvoll.

Indem Sie Sprache bewusst nutzen, wobei Sie genau überlegen, was Sie sagen und wann Sie vielleicht doch lieber nur schweigen und zuhören sollten, können Sie den entscheidenden Vorteil erlangen.

Ein Bekannter von mir hatte letztens einen Todesfall in der Familie zu verarbeiten und wusste nicht, richtig mit der Situation umzugehen. Zu diesem Zeitpunkt hatte er Kontakt mit einigen Leuten, von denen ich wusste, dass sie die Ruhe innerhalb unseres Freundeskreises stören. Er vertraute ihnen und sie nutzten alles, was sie von ihm erfuhren, für ihre eigenen Zwecke und verbreiteten Geschichten und Gerüchte, die unseren Freundeskreis von innen heraus zerstörten. Während dieser Zeit kamen sie alle zu ihm und versuchten, ihn abzulenken, nahmen ihn mit in Bars und wollten das Problem beschwichtigen. Er wusste aber, dass ich eine ähnliche Tragödie vor einigen Jahren zu verkraften hatte. Anstatt mich allen anzuschließen, sagte ich ihm also nur, dass ich für ihn da sei, wenn er es wöllte, und er jederzeit mit mir reden könne. Es dauerte einige Tage, eines Abends saßen wir jedoch bei mir in der Wohnung. Ich war in der Küche, um essen zu kochen, und auf einmal stand er hinter mir und fing aus dem Nichts an zu reden. Wie sehr ihn alles fertig mache und wie wenig Lust er darauf hatte, andauernd irgendwo unterwegs zu sein. Ich hatte die ganze Zeit nichts getan, außer zuzuhören, und fragte ihn auch hier lediglich, warum er dann jedes Mal mitkommen würde, anstatt sich zum Beispiel hier auf die Couch zu setzen und einen Film zu sehen. Mit Hilfe weniger Worte konnte ich ihn dazu bringen, seine Situation zu überdenken und ihm gleichzeitig eine Alternative zu bieten, um nicht allein zuhause zu sitzen. Der Trick funktionierte und er ließ den Kontakt zu den anderen nach und nach einschlafen.

Möchten Sie jemanden mit Hilfe von Sprache manipulieren, müssen Sie aus dem Vordergrund zurück in den Schatten treten. Hätte ich meinem Bekannten stundenlang von meinen eigenen Erlebnissen erzählt, wäre das vermutlich eine sehr gute Ablenkung für ihn gewesen, hätte mich aber in meinem Ziel kein Stück näher gebracht, da ich dadurch nichts anderes gemacht hätte als alle anderen. Jemanden zu verlieren, ist schlimm und traurig und ich wollte ihm das Gefühl geben, das es in Ordnung ist, sich in solchen Momenten nicht normal zu fühlen oder zu verhalten. Um so etwas bewirken zu können, war es jedoch notwendig, mich auf ihn einzulassen und mich selbst hinten an zu stellen. Bei jeder Art der Kommunikation gibt es einen Sender und einen Empfänger, also einen, der zuhört, und einen, der spricht.

Die meisten sprachlichen Probleme, wie Missverständnisse, entstehen dadurch, dass sich Sender und Empfänger auf zwei verschiedenen Ebenen befinden, weil sie unterschiedliche Ziele verfolgen. Ihre Aufgabe ist es also, zu ermitteln, welches Ziel Ihr Gegenüber erreichen möchte – möchte er über sich selbst reden oder doch lieber abgelenkt werden? Indem Sie Ihre Sprache darauf anpassen, vermitteln Sie ein Gefühl von Verständnis sowie eine Verbindung zueinander, die dazu führt, dass sich Ihr Gesprächspartner öffnet.

Eines der Gesetze besagt, dass die Verpackung wichtiger ist als der Inhalt. Entgegen der allgemeinen Meinung kann man einem Menschen auch alles sagen – es ist nur die Frage, wie man es verpackt. Meistens sagen oder tun wir Dinge nicht, aus der Angst heraus, dass wir damit jemanden verletzen könnten. Möchten Sie jedoch erfolgreicher Manipulator werden, müssen Sie sich von genau dieser Angst frei machen. Manipulation muss nicht nur dem Zweck dienen, eigene Vorteile zu erlangen, sondern auch, sich selbst freier zu fühlen, weil man über alles endlich sprechen kann. Sind Sie von einem Argument nicht überzeugt, werden Sie es nicht schaffen, jemand anderen dafür zu begeistern. Wenn Sie rhetorisch nicht ausreichend ausgebildet sein sollten, malen Sie mit Ihren Worten Bilder, um die Vorstellungskraft Ihres Gegenübers zu beflügeln. Statt einfach nur zu erzählen, dass Sie an einem Strand waren, können Sie auch beschreiben, wie weich sich der Sand zwischen Ihren Zehen angefühlt hat, wie Sie die salzige Luft und das leise Rauschen des Meeres in sich aufgenommen haben und wie der Wind Ihre Haare zerzaust hat, sodass sie Ihnen im Gesicht hingen.

Die Sprache bietet vermutlich das wirkungsvollste Mittel der Manipulation. Egal, wie gut Sie Gesetze, Mimik, Gestik und jeden Trick beherrschen – die Sprache gibt Ihnen die Möglichkeit, das alles umzusetzen und wirkungsvoll zu machen.

Was sind Manipulationstechniken

Die Technik beschreibt grundlegend das Wie, sie legt also fest, auf welche Art und Weise man in diesem Fall entweder manipuliert werden kann oder selbst manipuliert. Manipulationstechnik wird gern auch als Lenkungstechnik bezeichnet, da man mit ihrer Hilfe das Gespräch in eine bestimmte Richtung lenken möchte. Sowohl, wenn Sie sich gegen Manipulation wehren wollen, als auch, wenn Sie selbst etwas geübter in gezielter Beeinflussung zum Erreichen Ihrer Ziele werden möchten, müssen Sie erkennen, auf welcher Stufe sich der Manipulator bewegt, beziehungsweise müssen sich selbst für eine Stufe entscheiden. Ein Manipulator hat die Wahl, entweder direkt oder indirekt aufzutreten. Je indirekter er es bewerkstelligen kann, desto leichter wird er es haben, nicht aufzufallen. Bei der direkten Manipulation spielt vor allem Kommunikation eine große Rolle. Sie beschreibt den ungebremsten Austausch zwischen zwei Menschen zum Zweck der Informationsvermittlung. Der Manipulator möchte mit seinen Worten eine bestimmte Verhaltensweise oder Antwort bei dem anderen erreichen.

Eine indirekte Manipulation ist schon um einiges komplexer. Abseits unserer sozialen Kontakte hören, lesen und sehen Sie den ganzen Tag über verschiedenste Dinge. Indem Sie Zeitung lesen, Radio hören oder sich in einem Café sitzend das Treiben in der Stadt ansehen, bilden Sie sich eine Meinung, die von diesen Einflüssen sozusagen manipuliert ist. Das kann sowohl bewusst als auch unbewusst geschehen. Erinnern Sie sich beispielsweise noch an Ihre Schulzeit und an die Geschichten Ihrer Lehrer zu den verschiedenen Religionen? Eine der großen Geschichten des Christentums handelt von Noah und seiner Arche. Jedes Schulkind bekommt beigebracht, dass Noah damals von jeder auf der Erde lebenden Rasse genau ein paar auf seine Arche ließ und diese nach der großen Flut für den Artbestand gesorgt haben. Ich hoffe, ich kränke Sie jetzt nicht in Ihrer Religion, allerdings reden wir allein bei den Spinnentieren von über hunderttausend verschiedenen Arten und von über einer Million verschiedenen Insekten. Säugetiere, Fische, Amphibien Reptilien und Vögel bringen es gemeinsam auf über sechzigtausend unterschiedliche Möglichkeiten – und all diese Tiere waren gemeinsam auf einem Boot versammelt. Mit einem großen Boot mag das sicherlich alles möglich sein, jeder Wissenschaftler und Ingenieur würde jedoch aufgrund der logistischen und statischen Herausforderung die Hände über dem Kopf zusammenschlagen.

Ich möchte jedoch keinerlei Glaubensgrundsätze zerstören, daher noch einige andere praxisnahe Beispiele: Was fällt Ihnen ein, wenn ich die Begriffe Doping für die Haare, der Schuh, der atmet oder die berühmte Sonne mit dem Gesicht von den Teletubbies erwähne? Egal, ob Sie es möchten oder nicht oder auch nur einmal bewusst darauf achten – Manipulation ist so alt wie die Menschheit selbst und gehört zum Alltag mit dazu. Allein schon dadurch, dass Sie erhaltene Informationen in Ihr Gehirn aufnehmen und sie dort verarbeiten, werden Sie manipuliert – das Hirn ist dazu angeregt, Informationen mit Bildern zu verbinden, um sie besser speichern zu können. Ihre Aufgabe ist es, zu erkennen und zu differenzieren, wann sie für Sie bedrohlich wird und wann nicht. Manipulation kann bereits damit beginnen, dass Sie jemanden zum Zuhören bewegen möchten, und sie kann bis zur gezielten Änderung einer Meinung oder Ansicht reichen.

Woran erkenne ich Manipulation

Es gibt Theorien, die besagen, dass Manipulation bereits beginnt, bevor man auf die Welt kommt. Sie gelten zwar noch nicht offiziell als lebender Mensch, nehmen jedoch ab einem gewissen Zeitpunkt Geräusche aus dem Mutterbauch heraus wahr. Gleichzeitig beeinflusst die Nahrungsaufnahme Ihrer Mutter Ihre Gesundheit. Wie oft Ihre Mutter mit Ihnen an der frischen Luft spazieren ist, wirkt sich auf Ihre Intelligenz aus. Grundlegend wird man von jeder Information beeinflusst, die man bewusst oder unbewusst aufnimmt, da der Mensch nun einmal so konstruiert ist, sich aus allem eine Meinung zu bilden. Gezielt, also von einer bestimmten Person oder einer Gruppe, werden Sie allerdings vor allem in unsicheren Momenten manipuliert. Zweifeln Sie an sich selbst oder an Ihren Fähigkeiten, ist es sehr wahrscheinlich, dass andere das zu Ihrem Vorteil nutzen werden.

Bewusstsein ist der Schlüssel, um klar definieren zu können, was wirklich von Ihnen und aus Ihren eigenen Wünschen und Bedürfnissen rührt und was von anderen Personen motiviert wurde. Ist Ihnen einmal nicht klar, woher beispielsweise eine Idee für ein Abendessen gekommen ist, wurde Ihnen die Idee vermutlich vorgeschlagen und so lange als schmackhaft verkauft, bis Sie sie für Ihre eigene gehalten haben. Manipulationstechniken beruhen in den meisten Fällen darauf, das Ego des anderen anzukratzen oder mit seinen Ängsten und Zweifeln zu spielen.

Ist Ihnen schon einmal aufgefallen, dass manche Leute in Gesprächen fast ausschließlich Fragen stellen und selbst kaum etwas erzählen? Hierbei handelt es sich um eine beliebte Vorbereitung auf eine Manipulation. Um Sie erfolgreich manipulieren zu können, benötigt der Manipulator Informationen, die er natürlich nur mit Fragen herausfindet. Der Trick hierbei ist, dass er selbst wenig oder gar nichts über sich preisgibt, um selbst keine Schwächen aufzuzeigen.

In meinem Freundeskreis gibt es einen Menschen, der in der Lage ist, die blumigsten Geschichten zu erzählen. Glaubt man ihm, war er gefühlt bereits auf der halben Welt, hat in jedem Beruf gearbeitet und war eine Zeit lang wahnsinnig erfolgreich und bekannt – übertrieben gesprochen. Für die meisten Menschen klingen seine Geschichten plausibel und logisch, wenn man sehr aufmerksam zuhört, stellt man jedoch schnell fest, dass sie sich teilweise in kleinen Punkten unterscheiden. Auch daran erkennt man eine Manipulation – er versucht, mit diesen übertriebenen Geschichten von Kenntnisständen zu überzeugen, die er streng genommen gar nicht hat, nur um sich beliebt zu machen.

Übertriebene Freundlichkeit zählt als eine der stärksten Waffen der Manipulation. Jeder Mensch erhält gern Komplimente, und werden sie richtig eingesetzt, wird man danach deutlich weicher und kompromissbereiter, wenn es darum geht, jemand anderem einen Gefallen zu tun. Warum auch nicht? Wir wurden ja freundlich behandelt. Aber Achtung – genau dahinter verbirgt sich sehr gern eine Manipulation. Achten Sie einmal darauf, ob es in Ihrem Umfeld Menschen gibt, die Ihnen erst beiläufig ein Kompliment machen oder Sie für etwas loben, um Sie anschließend um etwas zu bitten. Oder ob Ihnen ein Gefallen getan wird, Sie nachträglich aber auch um einen Gefallen gebeten werden, wie beispielsweise „Ich fahre dich natürlich gern zum Einkaufen, dafür könntest du aber für uns beide heute Abend kochen?". Natürlich hat jeder seinen Nutzen davon – Sie kommen zum Supermarkt und der Fahrer bekommt ein Abendessen. Manipulation besteht aber auch darin, einen Nutzen für sich selbst zu ermitteln und diesen unauffällig einbringen zu können.

Ein Manipulator wird Ihnen meistens Alternativen bieten, damit Sie sich nicht genötigt fühlen. Dabei ist die bessere Möglichkeit jene, die derjenige anstrebt. Sie erkennen eine Manipulation also auch an „Wenn...dann"- oder an „Entweder...oder"-Aussagen. Ein berühmtes Beispiel wäre „Entweder wir schauen uns diesen Thriller im Kino an oder wir gehen ins Museum". Wenn der Manipulator Sie gut genug kennt, wird er als Alternative immer eine Auswahl treffen, zu der Sie mit Sicherheit nicht „Ja“ sagen werden. Sie bekommen also das Gefühl, eine Wahl zu haben, während Ihnen die Entscheidung bereits abgenommen wurde.

Neben diesen vermeintlichen Entscheidungen werden auch gern Vergleiche für eine erfolgreiche Manipulation herangezogen. Trauen Sie sich beispielsweise nicht, eine bestimmte Sache zu tun, wie zum Beispiel Klettern, weil Sie leichte Höhenangst haben, hören Sie von einem Manipulator folgende Worte: „Ich verstehe schon, dass du leichte Sorgen hast. Aber xyz hat auch Höhenangst und hatte am Ende sogar richtig Spaß, als er hier entlang geklettert ist!“. Da Sie natürlich nicht als Angsthase dastehen möchten, lassen Sie sich überreden. Dabei ist es irrelevant, ob die Geschichte wirklich den Tatsachen entspricht, Sie werden es nicht nachprüfen.

Wie ich bereits erwähnte – ein Manipulator gibt so wenig wie möglich über sich preis. Das gilt auch, wenn es um Schuldzuweisungen geht. Der Mensch ist darauf gepolt, in der „Du“-Form zu sprechen und andere als Grund für das jeweilige Problem zu identifizieren. Dennoch gibt es einen Unterschied: Werden die kleinsten Diskussionen sofort in riesige Dramen umgewandelt, können Sie sich sicher sein, dass Ihr Gegenüber gerade einen Anlass benötigt, um Sie zu manipulieren. Indem Sie ein schlechtes Gewissen haben, fühlen Sie sich emotional verpflichtet und sind schneller bereit, auf die Anliegen einzugehen. Umgekehrt werden Sie es in solchen Fällen selten erleben, dass die Gegenpartei von ihrer Meinung abweicht und auch ihrerseits Schuld eingesteht.

BESONDERE ANZEICHEN BEI MIMIK UND GESTIK

Abgesehen von den offensichtlichen Signalen, also denjenigen, die durch bestimmte Verhaltensmuster oder Ausdrucksweisen sichtbar werden, gibt es auch die Möglichkeit, versteckt in Form von Mimik und Gestik zu manipulieren und manipuliert zu werden. Im Bereich der

Strafverfolgung gibt es sogar einen Berufszweig mit Menschen, die sich ausschließlich mit Verhaltensmustern beschäftigen. Sie nennen sich Profiler und wäre ich auch nur ein wenig intelligenter, hätte ich sicher versucht, in einen solchen Job hinein zu kommen. Diese Menschen machen nichts anderes, als den ganzen Tag beispielsweise Videos und Gespräche von gesetzesuntreuen Menschen anzusehen und anhand von Mimik und Gestik bestimmte Verhaltensmuster festzulegen.

Auch ohne lange Studiengänge gibt es jedoch die Möglichkeit, sich recht simpel manipulativer Mittel zu bedienen, um den Gegenüber zu beeinflussen. Sie sind natürlich komplexer als simple Floskeln, haben aber auch den Vorteil, dass sie deutlich schwerer zu entlarven sind.

Körpersprache gehört zur nonverbalen Kommunikation. Grundlage ist also hier in jedem Fall, inwieweit Sie auch ohne Manipulation für das Thema, den Sachverhalt oder Ihren Gegenüber empfänglich sind. Sie können sie sich auch zu Nutze machen, um zu ermitteln, ob Sie Ihrem Gesprächspartner sympathisch sind – ohne direkt fragen zu müssen. Problematisch wird es nur dann, wenn Ihnen jemand gegenüber sitzt, der sich ebenfalls ausgiebig damit beschäftigt hat und in der Lage ist, seine Mimik und Gestik bewusst zu kontrollieren und zu steuern. Auch hier kann ich nur wieder empfehlen – beschäftigen Sie sich mit Ihrem Gesprächspartner, sammeln Sie Informationen. Dann werden Sie auch wissen, inwieweit Sie sich nonverbale Kommunikation zu Nutze machen können.

Manipulation bedeutet meist, zumindest bis zu einem gewissen Grad, zu lügen. Da die meisten Menschen das sehr ungern tun, tritt für den Manipulator eine angespannte Situation auf, die er versucht, mit unbewussten Gesten zu kompensieren. Anzeichen wie das häufige Kratzen im Gesicht, ein schnelleres Sprechtempo oder das Spielen mit den Händen können Ihnen dabei helfen, die Wahrheit zu ermitteln. Das wird jedoch umso schwieriger, je häufiger Ihr Gegenüber die Lüge erzählt hat oder je mehr er davon überzeugt ist – denn dann verschwinden diese Signale.

Muss ein Mensch lächeln, der Ihnen sympathisch ist, lächeln Sie aus Reflex meist unbewusst, aber automatisch mit. Diese Spiegelung der eigenen Emotionen wird gern bei Manipulation angewandt, da sie Sympathie und gleiche emotionale Ebenen symbolisiert. Dabei ist es unerheblich, ob von allgemeiner Mimik oder beispielsweise von einer Sitzhaltung die Rede ist. Gerade ein Lächeln kann den Manipulator allerdings aufdecken. Versucht man, so etwas gezielt zu kopieren, ist man sich nicht wirklich sympathisch und das Lächeln ist meist unecht. Das erkennen Sie daran, dass die berühmten Krähenfüße in den Augen fehlen. Ein aufmerksamer Gesprächspartner ist Ihnen auch immer vollkommen zugewandt. Dreht er sich von Ihnen weg, versinkt er entweder in Gedanken oder möchte sich Ihnen nicht vollständig preisgeben.

Ein letztes Anzeichen – übrigens sehr lustig, anzusehen, wenn man darauf achtet – ist, wenn Sprache und Mimik oder Gestik nicht übereinstimmen. Antwortet Ihr Gegenüber also beispielsweise auf eine Frage mit „Ja", während er gleichzeitig den Kopf schüttelt, oder erzählt er Ihnen von einer Sache, die er angeblich ganz toll fand, und schiebt gleichzeitig etwas mit dem Mittelfinger weg oder kratzt sich damit im Gesicht, können Sie sich ziemlich sicher sein, dass hier irgendetwas nicht stimmt.

Dennoch bitte ich Sie bei genau diesem Thema um Sensibilität. Körpersprache ist mehrdeutig und es erfordert viel Übung und Aufmerksamkeit, um sie zumindest meist richtig zu deuten.

Die verschiedenen Techniken

Sie haben nun bereits einiges an Wissen über das Thema Manipulation und Sprache in den verschiedenen Versionen sowie über die zugrundeliegenden Regeln, die für eine erfolgreiche Beeinflussung notwendig sind. Nun fasse ich Ihnen noch einmal die wichtigsten Techniken, getrennt nach sprachlichen und psychologischen Tricks, zusammen. Selbstverständlich gibt es bedeutend mehr kleine und große Techniken, jede einzelne aufzulisten, würde aber sämtlichen Rahmen sprengen. Die Folgenden sind am relevantesten, um Ihren Alltag wirksam umzustrukturieren und um Ihnen bewusst zu machen, dass Manipulation allgegenwärtig ist.

PSYCHOLOGISCHE TRICKS

Die nun folgenden Techniken arbeiten mehr mit den kognitiven Gegebenheiten Ihres Gegenübers. Es gibt den Begriff der so genannten kognitiven Verzerrung – er beschreibt, wie wir Informationen aufnehmen und verarbeiten, wie wir emotional darauf reagieren und inwieweit sie uns beeinflussen können. Psychologische Tricks arbeiten häufig mit Bedürfnissen und den Urinstinkten der Menschen. In welcher Art und Weise Sie die jeweiligen Möglichkeiten anwenden, hängt von der Ausgangssituation des Gespräches, Ihrem Gesprächspartner und dem zu erreichenden Ziel ab. Ihnen werden sowohl Zahlenmenschen gegenübertreten, bei denen Sie es mit Gefühlen eher schwer haben, als auch solche Menschen, die mit Logik und Verstand nichts anfangen können.

Durch Erzeugen von Angst

Egal, wie sehr Sie es versuchen, Sie werden niemals zu einhundert Prozent neutral und objektiv sein können. Wenn Sie sich noch an die Gesetze zur Manipulation erinnern, ist ein Großteil der Entscheidungen von Angst gesteuert. Diese Angst kann gezielt gesteuert und bewusst erzeugt werden, Sie müssen dafür allerdings wissen, welche Sorgen Ihr Gegenüber hat. Einige haben beispielsweise Angst davor, verlassen zu werden, während andere in der permanenten Angst vor dem Ungewissen leben.

Um eine solche Angst zu schüren, müssen Sie entweder die aktuelle Situation oder die Zukunft schwärzer malen als sie es eigentlich ist, um Konsequenzen auszumalen, die eigentlich gar nicht eintreten werden. Sind Sie noch in der Lage, das alles mit einem gewissen Zeitdruck zu verbinden, werden Sie sehr schnell zu Ihrem gewünschten Ziel gelangen. Gern können Sie auch vernunftorientierte Aspekte einarbeiten, etwa wie „das ist das Beste für alle", um vom Überreden zu einem tatsächlichen Überzeugen zu gelangen und Ihrem Gesprächspartner kein durchgehend schlechtes Gefühl zu vermitteln. Im Verkauf wird diese Taktik häufig angewandt, um vom Kunden eine sofortige Entscheidung zu erhalten und die berühmten „Überleger" aus der Bahn zu werfen. Sie können diese Taktik dementsprechend ebenfalls anwenden, wenn Sie zeitnah eine Antwort oder Entscheidung benötigen. Gleichzeitig lässt sie sich gut bei Gruppen anwenden. Wenn es Ihnen gelingt, die Masse zu überzeugen, und mehrere Menschen gleichzeitig in der Angst leben, werden diese Ihnen unbewusst helfen, die letzten Zweifler zu überzeugen.

Die Rutschbahntaktik

Diese Taktik zeigt Parallelen zu dem Schüren der Ängste des Gegenübers, verläuft allerdings etwas detaillierter und geht dementsprechend mehr in die Tiefe. Angst ist eines der Urgefühle des Menschen und dementsprechend dazu fähig, das logische Denken eines Menschen nahezu vollständig auszusetzen. Solange ein Mensch innerhalb der Situation bleibt, verstärkt sich die Angst von selbst – Sie müssen also nur den Auslöser schaffen, den Rest erledigt das Gehirn quasi von allein. Bei der Rutschbahntaktik wird allerdings nicht nur der Angstmoment an sich geschaffen, Sie kreieren darüber hinaus ein folgendes Szenario mit weitreichenden Konsequenzen – die nicht zwingend etwas mit der Situation selbst zu tun haben müssen. Ihr Gesprächspartner wird sie allerdings vollends darauf beziehen.

Teilweise müssen Sie selbst nicht einmal groß agieren und ich bin mir sicher, das folgende Beispiel wird Ihnen bekannt vorkommen: Ein Arbeitskollege hat einen Fehler begangen. Sie könnten ihm leicht helfen, da Sie wissen, wie der Fehler zu beheben ist. Wenn Sie allerdings einen gewissen Plan verfolgen und von demjenigen etwas erwarten oder wissen, dass Sie bald seine Hilfe brauchen, können Sie auch folgendes Szenario spinnen: Der Fehler könnte ein Gespräch beim Chef einbinden, der derzeit ohnehin schon angespannt ist, weil die wirtschaftliche Situation nicht so gut aussieht. Wenn dieser einen schlechten Tag hat, könnte das zu einer Entlassung führen und was sollen Freunde und Familie nur davon halten? Er hat ja immerhin Leute zu versorgen und ohne Job haben alle Menschen automatisch ein schlechtes Bild. Solche Bilder in den Kopf eines anderen zu setzen, mag moralisch fragwürdig sein und Sie entscheiden immer für sich selbst, wo Ihre Grenzen liegen.

Grundlegend hat die Tatsache, auf der Arbeit einen Fehler zu begehen, aber absolut nichts damit zu tun, wie man von Freunden oder von der Familie angesehen wird. Es ist viel wahrscheinlicher, dass sie ihn weiterhin akzeptieren, eben weil sich niemand nur über seinen Beruf definieren muss. Die Angst verbindet hier aber eigentlich getrennte Punkte miteinander und erschafft so die Rutschbahn.

Der Freundschaftstrick

Gerade, wenn Sie vorhaben, einen Menschen zu beeinflussen, den Sie schon längere Zeit kennen, werden Sie keine Ängste schüren müssen. Freundschaften funktionieren mit dem Prinzip des beiderseitigen Vertrauens, sodass der zu Beeinflussende ohnehin mehr auf Ihre Worte hören und darüber nachdenken wird, als hätten Sie sich erst vor zwei Tagen kennen gelernt. In solchen Fällen können Sie sich Mimik und Gestik zu Nutze machen, um eine angenehme Gesprächsatmosphäre zu schaffen. Spiegeln Sie Ihr Gegenüber, setzen Sie sich also in die gleiche Position wie er und versuchen Sie, aufmerksam zuzuhören, um authentisch lächeln zu können, wenn der andere es tut. Damit steigern Sie die Vertrauensbasis. Finden Sie Gemeinsamkeiten und lassen Sie den anderen eine Weile von sich selbst reden, damit er das Gefühl bekommt, dass Sie wirklich an ihm interessiert sind – was Sie durchaus sein dürfen, vergessen Sie dabei allerdings nicht Ihr Ziel. Auf der Basis des vorhandenen Vertrauens können Sie auch mit einem weiteren Trick arbeiten, indem Sie persönlich garantieren, dass eine Aussage der Richtigkeit entspricht. Zweifelt Ihr Gesprächspartner dementsprechend die Aussage an, zweifelt er an Ihnen als Person – diese Blöße möchten sich die wenigsten geben. Merken Sie, dass noch gewisse Zweifel bestehen, können Sie damit das Blatt zu Ihren Gunsten wenden.

„Steige in meine Stiefel"

Diese Methode wird auch „Prinzip der Gegenseitigkeit" genannt. Sie basiert auf der Annahme, dass es in unserer Gesellschaft nichts geschenkt gibt. Hilft Ihnen beispielsweise jemand beim Umzug, ist es sehr unwahrscheinlich, dass Sie ablehnen, wenn er Sie um Hilfe beim Umzug bittet. Ich habe beispielsweise auch kein Problem damit, meinen besten Freund zum Essen einzuladen, weil ich weiß, dass er dafür für mich häufiger einkaufen geht, wenn ich es zeitlich nicht schaffe. Keiner von uns beiden würde auf den Gedanken kommen, das Geld aufzurechnen, da wir das Gefühl haben, dass es ausgeglichen ist. Eine Streitgrundlage entsteht erst in dem Moment, in dem sich eine Partei benachteiligt fühlt. Um das zu vermeiden und auch in Zukunft kleine Gefallen einfordern zu können, versuchen die meisten Menschen, diesen kleinen gesellschaftlichen Brauch nicht zu stören – auch, wenn sie vielleicht keine Lust haben, bei einem Umzug zu helfen.

Indem Sie das schlechte Gewissen Ihres Gesprächspartners aktivieren, da Sie ihm ja ebenso geholfen hatten, als er sonst niemanden hatte, werden Sie Ihren Wunsch erfüllt bekommen. Bei dieser Art von Manipulation entstehen also für beide Seiten Vorteile, Ihnen muss jedoch auch klar sein, dass Sie hierbei sehr wahrscheinlich auch um den einen oder anderen Gefallen gebeten werden.

Der Brunnenvergifter

Diese blumige Umschreibung wird gern auch als Herdentrieb bezeichnet. Kein Mensch ist gern allein und im Allgemeinen versuchen alle, in der Menge anerkannt zu werden. Diese Tatsache können Sie sich zu Nutze machen, indem Sie Ihre Argumentationen und Gespräche so gestalten, als ob das, worauf Sie hinaus möchten, von allen anderen längst als angesehen betrachtet wird. Der dadurch entstehende Zugzwang lässt die meisten Personen, egal wie stur sie sind, weich werden und nachgeben. Einem aufmerksamen Beobachter wird auffallen, dass nur Thesen aufgestellt werden, ohne sie zu begründen – sie sind deshalb wahr, weil sie angeblich von der breiten Masse als richtig angesehen werden.

Die Begründung fehlt, da es keine plausible Erklärung gibt, warum Ihr Gegenüber das jetzt machen sollte. Immer, wenn ich an so etwas denke, fällt mir ein Spruch ein, den ich mir früher regelmäßig von meiner Großmutter anhören musste: „Nur, weil alle anderen aus dem Fenster springen, heißt das doch nicht, dass du deshalb fliegen kannst, oder?“. Ich musste mir den Satz jedes Mal anhören, wenn ich dumme Dinge angestellt hatte und es über die Ausrede probierte, dass ich ja nicht allein war, sondern zehn meiner Freunde genau das Gleiche gemacht hatten. Sie wollte mich dazu anregen, zu hinterfragen, was ich da getan hatte – für mich als Kind war es nur eine Floskel, doch mittlerweile verstehe ich, was sie mir eigentlich sagen wollte. Existiert bei Ihnen in der Gruppe also ein aufmerksamer Kritiker, sollten Sie mit dieser Technik sparsam umgehen.

Der Zirkelschluss oder die Beharrungsfalle

Normalerweise handelt es sich hier um zwei verschiedene Techniken, die allerdings Hand in Hand gehen. Gleichzeitig bauen Sie auf dem Herdentrieb auf – also auf der Annahme, dass auf einen Gefallen ein Gefallen des anderen folgt. Hat jemand einmal für Sie etwas getan und Sie haben sich angemessen bedankt, ist es sehr wahrscheinlich, dass er Ihnen auch wieder beiseitestehen wird.

Dieses Prinzip nennt sich Beharrungsfalle. Mitunter kann es aber vorkommen, dass Ihr Partner dennoch ab einem gewissen Punkt ablehnt und sich umgangssprachlich so fühlt, als hätte er Ihnen den kleinen Finger gereicht, während Sie bereits nach der gesamten Hand gegriffen haben. Bevor Sie aufgeben oder resignieren, können Sie sich einer weiteren Technik bedienen, dem Zirkelschluss. Jeder Gefallen, um den Sie jemanden bitten, baut auf einem gewissen Argument oder einem Nutzen für den anderen auf. Haben Sie das Gefühl, auf der Stelle zu treten, versuchen Sie, Ihr Argument neu zu formulieren, ohne es dabei tatsächlich zu ändern. Auf diese Art und Weise schieben Sie Ihrem Gegenüber Ihre Meinung und Begründung unbewusst unter, ohne dass dieser es aktiv mitbekommt.

Mein Chef verwendet diese Taktik lustigerweise sehr gern. Anstatt zehn Mal hintereinander zu sagen, dass wir uns auf der Arbeit nicht so sehr ablenken lassen sollen von unseren Handys, da wir dann weniger produktiv wären, tauscht er zwischendurch einfach die Formulierung, indem er sagt, dass wir mittels gesteigerter Produktivität mehr Umsatz generieren können und dementsprechend mehr Geld verdienen – ein Ziel, dass wir unter anderem erreichen, indem wir die private Handynutzung auf die Pausenzeiten beschränken. Das Argument bleibt also das gleiche, er variiert nur, indem er den Nutzen für uns klarer formuliert. So fühlen sich seine Mitarbeiter jedoch wertgeschätzt und folgen seinen Anweisungen, ohne dass es zu großen Diskussionen kommt.

Die Autoritätsfalle

Ähnlich wie beim Brunnenvergifter zielt auch diese Technik darauf ab, mit Hilfe namhafter Nennungen beziehungsweise allgemeiner Anerkennung die eigene Argumentation zu verstärken. Sind Sie sich einer Sache nicht sicher, was machen Sie dann? Meistens setzen Sie sich ans Internet und belesen sich in Ratgebern und Fachzeitschriften, um unabhängige und professionelle Meinungen zu Rate zu ziehen. Ein geschickter Manipulator weiß über diesen Fakt Bescheid und bindet Autoritätspersonen oder Experten von Anfang an in die Argumentation ein. Dieser Trick soll Sie davon abhalten, den Wahrheitsgehalt einer Aussage zu prüfen oder diese anzuzweifeln. Dabei muss der Experte oder das Prestigeobjekt nicht einmal reell existieren. Mein Großvater hat beispielsweise mehrere Titel aus seinem Studium – die hat er tatsächlich, erwähnt sie aber eher selten, da sie ihm nichts bedeuten. Ich habe mir als Kind immer von ihm bei Mathe- und Physikarbeiten helfen lassen, da das seine Spezialgebiete sind.

Meine Klassenkameraden haben mich dafür belächelt, bis ich irgendwann beiläufig erwähnte, dass er Diplom-Ingenieur und Ökonom ist. Da wurden sie auf einmal hellhörig und wollten von ihm auch Hilfe. Genauso gut funktioniert es, wenn jemand erzählt, wie gut er in seiner neuen Firma Geld verdient, und dabei mit einem Sportwagen vorfährt und eine teure Uhr trägt. Das eine muss mit dem anderen nichts zu tun haben, es suggeriert aber erst einmal Erfolg oder Wissen – je nachdem, was gerade benötigt wird – und überzeugt damit die Menschen.

Ich kann Ihnen nur raten, jede Art von Information zu prüfen. Ein schönes Auto ist kein Zeichen für Reichtum und ein Studientitel bedeutet nicht gleichzeitig Intelligenz. Im Zweifelsfall können Sie immer am besten auf Ihr eigenes Bauchgefühl vertrauen.

Vortäuschen von Exklusivität/Knappheit

Dieses Phänomen ist Ihnen sicherlich bekannt – vor allem aus dem Bereich der Konsumgüter, also beispielsweise aus Supermärkten oder Einkaufszentren. Bestimmte Artikel werden bewusst in geringen Mengen zur Verfügung gestellt, um zu suggerieren, dass sie beliebt und daher immer schnell ausverkauft sind – meistens stimmt das nicht, aber böse gesagt müssen die Läden ihren Mist ja irgendwie losbekommen. Ich habe mir mit meinem besten Freund in den vergangenen Wochen viele Wohnungen angesehen, da wir überlegen, gemeinsam in eine Wohngemeinschaft zu ziehen. Eine gefiel uns besonders gut und wir bekundeten beim Vermieter unser Interesse. Als wir telefonierten, meinte er plötzlich: „Es sind derzeit vier Personen in der engeren Auswahl, unter anderem auch Sie. Ich schicke Ihnen die Unterlagen zu, Sie müssen Sie aber so schnell wie möglich zurückschicken, ehe Ihnen jemand zuvorkommt!".

Rein logisch gesehen hatte das keinen Sinn gemacht – er hatte vorab Selbstauskunft, Lohnnachweise und sämtliche Bescheinigungen, die er haben wollte. Mein bester Freund geriet aber sofort in Panik, da er befürchtete, dass die Wohnung wieder weg sein würde, obwohl er sich so darauf gefreut hatte. Natürlich war das ein Trick des Vermieters, um schnell seine Sicherheit und keine leerstehende Wohnung zu haben, denn niemand macht vier verschiedene Verträge fertig, wenn er nur eine Wohnung hat.

Sie können solche Techniken vielleicht weniger im direkten Gespräch anwenden, aber gern jederzeit, wenn Sie beispielsweise etwas verkaufen möchten. Wenn ein Mensch sich einmal für eine bestimmte Sache entschieden hat, möchte er sie nur sehr ungern wieder verlieren – und hier können Sie ansetzen, Entscheidungen schneller erwirken und ihm ein gutes Gefühl geben, indem Sie ihn darin bestätigen, sich richtig entschieden zu haben.

Manipulation von Bedürfnissen

Der letzte große Abschnitt im psychologischen Bereich besteht in der generellen Beeinflussung der Bedürfnisse des Menschen. Ausnahmslos jeder strebt nach einer bestimmten Sache – sei es Erfolg, Harmonie, Zusammenhalt oder physische Dinge wie ein Eigenheim oder ein bestimmtes Auto. Wir benötigen diese Bedürfnisse, um einen Ansporn zu haben, einen Grund, um auf die Arbeit zu gehen oder morgens überhaupt erst aufzustehen. Ähnlich wie bei einer Katze, die ihr Spielzeug auch irgendwann haben möchte, erhoffen wir uns natürlich eine Befriedigung der Bedürfnisse, denn ein ständiges Streben, ohne jemals Erfolg zu haben, ist mühselig und wird irgendwann dazu führen, dass wir uns andere Aufgaben und Anreize suchen. Haben Sie vor, einen Menschen anhand seiner Bedürfnisse zu manipulieren, müssen Sie natürlich erst wissen, worin diese genau bestehen. Sie haben selbstverständlich auch immer die Möglichkeit, einen neuen Bedarf zu erwecken, dafür bedarf es aber einer großen Menge rhetorischen Geschicks.

Alternativ haben Sie auch die Möglichkeit, Ihrem Gegenüber das, was Sie anstreben, als Weg zur Erfüllung seiner Bedürfnisse zu vermitteln. Sie möchten beispielsweise etwas an Ihrer Wohnung verändert haben und wissen, dass derjenige Talent im Malern hat, aber von sich selbst nicht so richtig überzeugt ist, obwohl er endlich einmal zeigen möchte, was er kann? Bieten Sie ihm an, Ihnen zu helfen und im Anschluss allen zu zeigen, wie toll er das gemacht hat. Damit steigern Sie sein Selbstbewusstsein und bekommen gleichzeitig einen neuen Anstrich in Ihrem Heim.

Handelt es sich um eine große zu bewältigende Aufgabe, können Sie auch das Bedürfnis Ihres Gesprächspartners in viele kleine einzelne Bedürfnisse zerteilen. Ein Wunsch nach Anerkennung geht beispielsweise mit mehr Aufmerksamkeit und höherem Selbstbewusstsein Hand in Hand. Für diese einzelnen Bedürfnisse können Sie kleine Lösungen anbieten und sich so in kleinen Schritten zu Ihrem Ziel arbeiten.

SPRACHLICHE TRICKS

Ich gehöre zu den Menschen, die lieber mit Sprache arbeiten anstelle von Emotionen. Meiner Meinung nach überzeugt ein Argument, sofern es richtig verpackt ist. Selbstverständlich arbeite auch ich mit Bedürfnissen oder Schwarmintelligenz, um meine Aussagen zu verstärken – Manipulation beginnt in meinen Augen aber dennoch damit, die Worte richtig wählen zu können. Hört ihnen niemand zu, können Sie noch so bewandelt sein, wenn es darum geht, Gefühle zu ermitteln – Sie werden niemals so weit kommen. Viele große Diktatoren unserer Geschichte hatten eine eindrucksvolle Stimme und Ausdrucksweise, was dazu geführt hat, dass die Menschen in Massen gekommen sind, um zuzuhören. Schlussendlich war weniger entscheidend, was sie gesagt haben, sondern vielmehr, wie sie die Personen angesprochen haben. Die Manipulation durch die breite Masse funktioniert beispielsweise dann besonders gut, wenn sie sprachlich durch Wörter wie „man" oder „wir" verstärkt wird – so sparen Sie es sich, lange und breit zu erklären, dass etwas von allen anderen bereits anerkannt wurde, sondern Sie suggerieren es einfach durch Ihre Ausdrucksweise. Abgesehen von einem abwechslungsreichen Sprachgebrauch können Sie sich aber auch hier bestimmter Techniken bedienen.

Durch Wiederholung

Die Wiederholung kann sowohl in Form von sprachlichen als auch von optischen Reizen eingesetzt werden. Die Prämisse dahinter ist, dass die Bekanntheit steigt, je öfter wir eine bestimmte Sache sehen oder hören. Ist Ihnen beispielsweise schon einmal aufgefallen, dass im Fernsehen gern der gleiche Werbespot mehrfach hintereinander eingespielt wird? Auch Marketingexperten wissen über den Effekt der Wiederholung – deshalb wird bei Sportsendungen oft eine Sportmarke wie Nike oder Adidas eingeblendet. Es ist eher unwahrscheinlich, dass Sie anfangen, Fußball zu spielen, nur weil Sie gerade Bundesliga schauen. Deutlich häufiger kommt es vor, dass Sie, wenn Sie ohnehin gerade Schuhe benötigen, unbewusst nach den Marken suchen, die Sie zuletzt gesehen haben.

Auch im Alltag werden Sie permanent mit Wiederholungen konfrontiert. Sollten Sie eigene Kinder haben, ist Ihnen sicher bewusst, was ich meine. Ein Kind bittet hundert Mal im Supermarkt um Süßigkeiten und Sie erwidern mindestens genauso oft, dass es genug Süßes Zuhause hat oder der begehrte Gegenstand zu ungesund sei. Die Frage ist hier nur – wer gewinnt die Manipulation?

Erfolgreich sind Sie mit dieser Methode vor allem bei Personen, die sich gern lenken lassen. Nicht jeder Mensch möchte immer die Entscheidung und dementsprechend die Verantwortung tragen – diese Menschen sind besonders bekömmlich für solche Arten der Beeinflussung. Sie müssen sich dadurch keine Gedanken über das große Ganze machen, sondern einfach nur folgen. Permanent wiederholte Aussagen sind selbstverständlicher und prägen sich damit automatisch in das Bewusstsein ein.

Die Entweder-Oder-Taktik

Diese Taktik war eine der ersten, die ich während meiner Ausbildung gelernt habe. Ich war lange Zeit im Verkauf beziehungsweise im Vertrieb tätig und eines der großen Themen hier ist die Fragestellung. Neben Fragen, auf die man nur mit „Ja“ oder „Nein“ antworten kann, gibt es unter anderem die so genannten Alternativfragen. Das bedeutet, dass Sie Ihrem Gegenüber zwei Möglichkeiten offerieren, zwischen denen er sich entscheiden muss. Die Kunst dabei ist, es so wirken zu lassen, als gäbe es nur diese beiden Möglichkeiten, um ein „Nein“ oder weitreichende Überlegungen weitestgehend auszuschließen. Wie gesagt, die meisten Personen möchten bis zu einem gewissen Grad gesteuert und gelenkt werden, um selbst weniger Verantwortung zu tragen. Frage ich meinen besten Freund also „Wollen wir lieber selbst kochen oder essen gehen?", ist es sehr unwahrscheinlich, dass er mich fragt, ob wir nicht eventuell Essen bestellen möchten.

Diese Taktik können Sie nutzen und sogar noch erweitern. Bieten Sie eine Möglichkeit, auf die Sie eigentlich hinaus möchten – und eine weitere, die eigentlich sehr unattraktiv ist oder von der Sie wissen, dass Ihr Gesprächspartner Sie nicht wählen wird. So fühlt er sich nicht unter Druck gesetzt, da er das Gefühl hat, trotzdem eine Wahl treffen zu können, ohne von Ihnen überrannt zu werden. Sie kommen aber dennoch zu Ihrem gewünschten Resultat.

Manipulation von Informationen

Informationen zu manipulieren oder auch zu selektieren, gehört zu den großen Techniken der Politik und Wirtschaft. Hierbei geht es nicht einmal zwingend darum, Informationen bewusst zu verändern und dementsprechend zu lügen, sondern vielmehr darum, sie ausschließlich unter einem bestimmten Aspekt zu beleuchten und weitere Gesichtspunkte, die den Sachverhalt neutral erscheinen lassen würden, außen vor zu lassen. Es entsteht beispielsweise ein komplett anderes Bild, wenn ich Ihnen sage, dass es in Deutschland vergangenes Jahr 4.500 Grippetote gab, als wenn ich Ihnen erzähle, dass 0,0045 Prozent der Bevölkerung letztes Jahr an Grippe verstorben ist. Die Zahlen sind fiktiv, aber ich denke, Sie wissen, was ich meine. Es kommt immer auf die Betrachtungsweise an.

Grundlegend haben Sie unterschiedliche Möglichkeiten, um Informationen zu verändern. Neben dem Weglassen wichtiger Informationen können Sie Ihren Gesprächspartner auch damit überladen. Irgendwann weiß derjenige nicht mehr, was das ursprüngliche Thema war, und kann sich dadurch schwieriger an einem Argument festklammern. Entscheiden Sie sich dafür, alle vorhandenen Daten preiszugeben, können Sie den Schwerpunkt verlagern. Das heißt, Sie schmücken die Details bunt aus und halten den Kerngedanken der jeweiligen Information im Hintergrund.

Wenn Ihr Gegenüber jemand ist, den Sie bereits kennen, können Sie auch mit Hilfe von Wertungen Informationen beeinflussen. Indem Sie beispielsweise sagen, „Ich habe gestern einen Artikel in der Zeitung zum Thema Börsencrash gelesen, meiner Meinung nach ist der Autor aber zu parteiisch", sind Sie im Grunde genommen selbst parteiisch. Ihr Bekannter wird aber auf Ihre Meinung Wert legen und daher Ihre Aussage überdenken, auch wenn Sie die Information nicht neutral weitergetragen haben.

Für welche Variante Sie sich auch immer entscheiden – Sie schaffen damit eine andere Ausgangslage, als wenn Sie alle Aspekte, Gesichtspunkte und Meinungen offenlegen. Das vereinfacht Ihnen die nachfolgende Manipulation. Gleichzeitig empfehle ich Ihnen, jede Art von Informationen noch einmal zu prüfen oder sich eine zweite Meinung einzuholen, um selbst einer Manipulation vorweg zu greifen.

Killerphrasen

Killerphrasen sind der Genickbruch für jeden Verkäufer. Sie werden immer genau dann angewandt, entweder bewusst oder unbewusst, wenn es zu einem Thema keine Argumente mehr gibt – sie sind sozusagen das „Totschlagargument", um etwas abrupt zu beenden. Gern suggerieren sie auch, dass jede weitere Aussage zu dem Thema unnötig ist, um dem Gesprächspartner ein schlechtes Gefühl zu suggerieren. Kennen Sie Sätze wie „Das haben wir schon immer so gemacht"? Es ist schwer, hier noch eine Begründung zu finden, warum Sie beispielsweise nach hundert Mal Spaghetti Bolognese kochen auf einmal eine Zutat ändern sollten. Sie dürfen dabei aber niemals außer Acht lassen, dass eine Sache gut sein muss, nur weil sie immer auf eine bestimmte Art und Weise gemacht wurde. Eine meiner liebsten Killerphrasen ist Folgende: „Sie sind zu jung. Sammeln Sie erst noch ein wenig Erfahrung.". Ich habe diesen Satz in meinem Leben bereits dutzende Male gehört und lange Zeit an diesem Punkt resigniert.

Irgendwann habe ich mich dazu entschieden, genau hier weiter zu kämpfen. Jung zu sein bedeutet nicht automatisch, keine Kenntnisse zu haben oder über zu wenig Fachwissen zu verfügen. Diese Phrasen haben sehr selten etwas mit der wirklichen Realität zu tun, sie dienen der Tatsache, Ihre Argumente im Keim zu ersticken – gegebenenfalls hat der Manipulator auch keine Gegenargumente und wendet eine solche Phrase an, da er weiß, ansonsten keine Chance mehr gegen Sie zu haben.

Die Analogiefalle

Eine Analogie ist vereinfacht gesagt mit einem Vergleich zu umschreiben. Der Unterschied zu der klassischen Variante besteht darin, dass sich hier beispielsweise zwei Argumente nur in einigen Gesichtspunkten ähneln oder gleichen, im Grunde genommen aber dennoch verschiedene Merkmale haben. Sie werden bestimmt das Sprichwort „Viele Köche verderben den Brei“ kennen. Dieser Satz wird gern als Analogie verwendet, wenn man damit ausdrücken möchte, dass etwas nicht zwingend besser wird, nur weil hundert Menschen daran arbeiten. Der Brei hat jedoch meist nichts mit der tatsächlichen Aufgabe zu tun. Mit Hilfe einer Analogie wird veranschaulicht, um den Vergleich einfacher zu gestalten. Es ist bei Analogien vollkommen ausreichend, wenn sich eine Eigenschaft ähnelt.

In der Manipulation kann sie helfen, ein schwaches Argument aufzuwerten. Sie müssen also, wenn Sie das Gefühl haben, mit Ihren bisherigen Aussagen auf taube Ohren zu stoßen, eine Analogie finden, welcher Ihr Gesprächspartner im besten Fall zustimmt – oder sie ablehnt, je nachdem, welches Ziel Sie mit Ihrer Argumentation gerade verfolgen. Hat er das einmal getan, ist es nachfolgend deutlich schwieriger für ihn, die eigentliche Aussage noch zu dementieren.

Meine Oma konfrontierte mich in meiner Kindheit häufig mit Analogien. Ich war nach der Schule immer bei meinen Großeltern, um zu essen und Hausaufgaben zu machen. Sprachen fielen mir enorm leicht, auch für Mathematik hatte ich zumindest ein logisches

Grundverständnis – jedenfalls was Themen angeht, die bis zu einem gewissen Grad anwendungsnah sind. Leider lag mir Physik überhaupt nicht, da mir unklar war, warum ich wissen muss, wie sich Licht in einer Linse bricht. Meine Oma argumentierte dann immer mit dem Spruch „Wenn du Mathe verstehst, musst du auch Physik verstehen." Ihrer Ansicht nach handelt es sich um zwei wissenschaftliche Fächer, beide erfordern Berechnungen – und damit hatte sie Recht. Falls Sie sich noch an Ihre Schulzeit erinnern, werden Sie dennoch wissen, wie unterschiedlich die dort behandelten Themengebiete sind. Da meine Oma mir nie ein Gegenargument liefern konnte, in welchem Bereich Physik im Alltag anwendungsnah ist, versuchte sie es über Analogien.

Sollte Ihnen so etwas einmal selbst auffallen, kontern Sie einfach mit der Frage: „Was hat das eine mit dem anderen zu tun?". Nur, weil sich Dinge ähneln, heißt das nicht, dass sie automatisch gleich zu setzen sind. Schließlich kaufe ich ja auch kein Oberteil in Schwarz und in Rosa, nur weil sie einen identischen Schnitt haben, sondern weil mir die eine Farbe gefällt oder eben auch nicht.

Die Präzisionsfalle

Sie können sich dieser Technik bedienen, sobald Sie der Meinung sind, Ihre Argumentation in einer glaubhaften Art und Weise untermauern zu müssen. Bei der Präzisionsfalle werden Statistiken und Zahlen eingesetzt, um Aussagen wissenschaftlich fundiert und exakt wirken zu lassen. Ich könnte Ihnen beispielsweise sagen: „Die meisten Menschen, die sich an die Tipps aus diesem Buch gehalten haben, konnten eine deutliche Verbesserung Ihrer Kommunikation sowie der Erfüllung Ihrer Bedürfnisse und Wünsche verzeichnen." oder aber auch „Bei 80 Prozent der Leser, die die Ratschläge aus diesem Buch berücksichtigt und angewandt haben, ließ sich eine deutliche Verbesserung der Kommunikation sowie der Erfüllung Ihrer Wünsche und Bedürfnisse ermitteln.". Die Kernaussage bleibt die gleiche, ich lasse Sie nur mit Hilfe einer einfachen

Zahl konkreter und vor allem geprüft und nachgewiesen wirken. Wenn Sie jedoch eine Sekunde logisch darüber nachdenken, wird Ihnen sicherlich klar werden, dass sich wohl niemand hinstellen wird, um zu prüfen, wer Ratschläge oder Tipps umsetzt und bei wem sie danach auch Erfolg haben. Wenn überhaupt, erzählen die Personen das aus eigener Motivation heraus. Das soll jetzt natürlich nicht heißen, dass die Techniken nicht wirkungsvoll sind – dessen müssen Sie sich selbst überzeugen.

Neben konkreten Zahlen und Statistiken, egal ob sie frei erfunden oder tatsächlich vorhanden sind, können Sie auch eine namhafte Person, einen sogenannten Experten, als Argument für Ihr Gespräch nutzen. Kennen Sie Dr. Eckhart von Hirschhausen? Er ist Wissenschaftler und Comedian und in Deutschland mittlerweile recht bekannt. Er hat unter anderem einige Texte zum Thema Intervallfasten geschrieben. Im Frühjahr erinnern sich die meisten Menschen gern an ihre guten Vorsätze, was das Thema Sommerfigur angeht, und beginnen teilweise fast schon wahllos mit diversen Diäten, um möglichst schnell ihr Ziel zu erreichen. Vergangenes Jahr fragte mich eine Freundin, ob ich ihr eine Diät oder eine Ernährungsweise empfehlen könne, die sie vielleicht auch langfristig einsetzen kann. Ich riet ihr zum Intervallfasten – ich hatte mich vorher bereits damit gefasst und finde das wirklich sinnvoll, da es abseits einer einfachen Diät mehr eine Ernährungsumstellung beziehungsweise Rückbesinnung auf die ursprüngliche Ernährungsweise des Menschen ist.

Mit ursprünglich meine ich die Zeit, bevor es an jeder Ecke zehn Bratwürste gab und wir in einem Überschuss an Lebensmitteln eine viel zu große Auswahl hatten. Sie kannte diese Technik jedoch nicht und das Wort „Fasten" beunruhigte sie.

Also fragte sie mich, warum ich mir so sicher sei, dass das gesund für den Körper ist und man damit auch wirklich einen Nutzen verzeichnen könne. Ich nutzte die Präzisionsfalle, indem ich den oben genannten Wissenschaftler erwähnte und ihr riet, sich seine Texte durch zu lesen.

Wie Sie sehen, kann man die Technik also auch mit reellen Daten nutzen und muss sich nicht zwingend etwas aus den Fingern saugen.

Da meine Freundin ihn aber kannte, verzichtete sie auf das Lesen und fing gleich mit dem Intervallfasten an. Das Resultat für mich war, dass sie mir dankbar für so einen guten Tipp war und mich im Zuge ihrer Ernährungsumstellung ganz oft zum Abendessen einlud, damit sie das nicht allein durchstehen musste. Daran sehen Sie auch, dass Manipulation unbewusst auftreten kann. Ich hatte kein Ziel verfolgt, sondern wollte ihr nur helfen und meinen Vorschlag plausibel anbringen, ohne lange zu diskutieren oder zu argumentieren. Neben der persönlichen Empfehlung ist hier die Präzisionsfalle eine der nützlichsten Methoden.

Durch Variation in der Stimme

Ich hatte ja bereits erwähnt, dass es im Zweifelsfall nicht einmal zwingend darauf ankommt, was Sie sagen, sondern wie Sie es formulieren und an Ihren Gesprächspartner adressieren. Neben Ihrer Wortwahl und dem Aufbau der Argumentation kommt es hier unter anderem aber auch auf die Stimme an. Auch, wenn es nach wie vor gern als Tabuthema gilt, ist eines der bekanntesten und treffendsten Beispiele die Diktatur, die sich hier in Deutschland in Form des Nationalsozialismus ausgeprägt hatte. Ich werde Ihnen nichts über meine politische Meinung mitteilen, aber Sie erinnern sich doch sicherlich noch daran, als Sie dieses Thema in der Schule im Geschichtsunterricht behandelt haben. Wir haben bei uns im Unterricht damals Aufnahmen von den Reden von Hitler und seinem italienischen Gegenstück Mussolini gehört.

Ich kann Ihnen heute nicht mehr sagen, was er genau gesagt hat – an die Stimme erinnere ich mich jedoch sehr genau. Sie kennen doch sicherlich den Begriff „Déjà Vu“? Er wird dafür genutzt, wenn man eine Situation schon einmal erlebt oder eine Sache schon einmal gesehen hat, aber nicht mehr genau weiß, wann und wo. Der Mensch erinnert sich jedoch mit allen Sinnen. Neben diesem sehr bekannten Begriff gibt es beispielsweise auch das „Déjà Senti“. Es steht für alle Momente, in denen wir der Meinung sind, eine Sache schon einmal gehört zu haben. Ich bin beispielsweise sehr schlecht darin, mich an Namen zu erinnern – komme ich in eine neue Gruppe von Menschen, entschuldige ich mich meist von Anfang an, dass ich vermutlich noch drei oder vier Mal fragen werde, wie sie heißen. Womit ich hingegen kein Problem habe, ist, mich an Gesichter oder eben Stimmen zu erinnern.

Die Wissenschaft unterteilt in akustisches und fotografisches oder auch eidetisches Gedächtnis und baut darauf zum Beispiel Lerntypen auf. Ein Großteil der Menschheit arbeitet mit der fotografischen Version, in der man sich Sachen einprägt, indem man sie immer wieder sieht. Vor allem bei Kindern ist es meist deutlich ausgeprägter als bei Erwachsenen – ich verliere bis heute bei Memory, wenn ich gegen meinen kleinen

Bruder spiele, einfach weil er sich viel besser merken kann, wo welche Bilder liegen, als ich. Ich weiß aber auch, dass ich als Kind immer gewonnen habe. In meiner Berufsschule hatte ich einen Banknachbarn mit einem unwahrscheinlich stark ausgeprägten akustischen Gedächtnis – ich habe ihn immer beneidet, denn während ich mich beeilt habe, um jede Grafik und jede Tabelle abzumalen, hat er einfach nur dort gesessen und zugehört, am Ende wusste genauso viel wie ich. Wenn Sie die Serie „The Big Bang Theory" kennen, denken Sie an Sheldon Cooper – er ist zwar die extreme Variante eines eidetischen Gedächtnisses, beschreibt aber ziemlich genau, worum es dabei im Grunde genommen geht.

In Bezug auf die Stimme haben Sie den Vorteil, dass Sie diese schneller und leichter trainieren können als Ihr Gedächtnis. Viele Politiker besuchen Sprachtrainings, um Ihr Sprechtempo und die Tonlage bei Bedarf gezielt beeinflussen zu können. Die britische Premierministerin Margaret Thatcher ist hierfür ein gutes Beispiel. Sie trainierte ihre Stimme bewusst nach unten, da tiefere Ton- und Sprechlagen von anderen Menschen unbewusst als dominant, selbstbewusst und vertrauenswürdig interpretiert werden. Schnellt eine Stimme jedoch schlagartig nach oben, ist das oft ein Zeichen, dass bestimmte Informationen nicht preisgegeben werden oder Emotionen unterdrückt sind – somit wirken Sie in diesem Fall schnell unsicher und unauthentisch. Ich habe während meiner Zeit im Vertrieb selbst oft an meiner Stimme gearbeitet, um ruhiger und vor allem langsamer zu sprechen. Sie kennen sicherlich auch Personen, bei denen Sie Schwierigkeiten haben, gedanklich zu folgen. Dadurch wirkt man jedoch schnell gehetzt und so, als hätte man etwas zu verbergen. Ihre Stimme ist das Instrument, um Ihren Worten Ausdruck zu verleihen. Sie entscheidet darüber, ob Sie angenommen oder abgelehnt werden.

Nehmen Sie sich ruhig die Zeit und beobachten Sie, wie sich die Stimmen Ihrer Mitmenschen in gewissen Situationen verändern. Soll jemand beruhigt werden, wird der Sprecher selbst automatisch ruhiger in seiner Tonlage. Anweisungen werden meist mit klaren und präzisen Worten und einer strengen Tonlage wiedergegeben. Viele Menschen ändern ihre Tonlage unbewusst, wenn sie irgendwo anrufen sollen und unsicher sind. Möchte sich jemand durchsetzen und hat das Gefühl, nicht ernst genommen zu werden, tendiert er meist dazu, lauter zu werden oder sogar zu schreien. Vor allem im Zusammenhang mit Ihrer Mimik können Sie mit Hilfe Ihrer Stimme die ersten Hürden problemlos bewältigen.

Und falls es Ihnen nicht aufgefallen sein sollte – indem ich die britische Premierministerin in meinen Text eingepflegt habe, habe ich Sie unauffällig über die Präzisionsfalle manipuliert, um die Glaubwürdigkeit meiner Aussagen zu untermauern. Keine Sorge, sie hat tatsächlich Sprachtrainings besucht. Und Sie sollten sich wirklich die Zeit zur Beobachtung nehmen – alternativ liefert Ihnen auch das Internet diverse Beiträge und Videos zu diesem Thema.

MANIPULATION DES UNBEWUSSTEN DENKENS

Abgesehen davon, dass Sie einen Menschen mittels Sprache, Stimme oder seiner eigenen Emotionen beeinflussen können, müssen Sie sich auch im Klaren darüber sein, dass der Denkprozess ein entscheidendes Mittel darstellt. Sie werden es nicht immer schaffen, sofort eine Entscheidung zu erzielen – und spätestens, sobald Sie nicht mehr da sind, werden Ihre Gesprächspartner entweder bewusst oder unbewusst anfangen, über Ihre Worte nachzudenken. Das kann zwanzig Minuten oder auch zwanzig Tage dauern. Denken ist dennoch ein Prozess, der zum größten Teil unbewusst abläuft.

Vor allem alltägliche Handlungen wie Ihre Tätigkeiten auf der Arbeit, Auto fahren oder das Atmen werden zwar von Ihrem Gehirn überdacht, laufen aber im Grunde genommen automatisiert ab. Sie haben Sie bereits so oft erledigt, dass die Prozesse, die dafür erforderlich sind – also beispielsweise zu wissen, wie Sie lenken müssen, um abzubiegen –, wie bei einem Computer im Hintergrund ablaufen. Wenn Sie bewusst überlegen, was Sie zum Abendessen kochen könnten, filtert das Hirn im Hintergrund, welche Sachen Sie überhaupt gern essen und welche nicht – darüber müssen Sie nicht aktiv nachdenken. Experten der Manipulation sind in der Lage, diese unbewussten und teilweise über Jahre eingeprägten Handlungen zu modifizieren. Eine der am häufigsten angewandten Methoden ist die unterschwellige Belohnung. Ich habe beispielsweise einen Bekannten, der nicht in der Lage ist, sich zu bedanken.

Irgendwann habe ich angefangen, ihm jedes Mal Kleinigkeiten anzubieten, sobald er es doch getan hat – in Form von Süßigkeiten, Zigaretten, was eben gerade da war. Sein Hirn hat damit unbewusst das Wort „Danke“ mit einer Belohnung verbunden, was dazu geführt hat, dass er dieses Wort nach und nach deutlich öfter gebrauchte. In extremen Fällen kann die Manipulation des unbewussten Denkens also sogar dazu führen, dass sich Ihre Interessen verändern, das soll aber hier nicht Thema sein. Glücklicherweise gibt es auch sogenannte „Anfängertricks“, derer Sie sich bedienen können, ohne Ihren Gegenüber vollständig umzustrukturieren. Im Zweifelsfall ist es immer eine moralische Frage, wie weit Sie dieses Spiel treiben. Bekommt Ihr Gesprächspartner mit, dass Sie ihn unterschwellig manipulieren, können Sie dadurch in Schwierigkeiten geraten. Der Mensch ist ein Gewohnheitstier und die wenigsten lösen sich gern aus diesen Gewohnheiten.

Diese Art der Beeinflussung wird gern von Frauen gebraucht, wenn sie ihren Partner von einer Sache überzeugen wollen. Eines der einfachsten Mittel ist die Nutzung von Schlagwörtern, um bestimmte Dinge entweder auf- oder abzuwerten. Ich konnte einmal in einem Baumarkt ein Gespräch zwischen einem Paar in der Farbabteilung beobachten. Sie konnten sich nicht zwischen den verschiedenen Möglichkeiten entscheiden – sie wollte lieber eine helle Farbe und er eine schlichte und neutrale, wie braun oder grau. Ich habe nur Teile der Unterhaltung mitbekommen, schmunzeln musste ich allerdings, als sie meinte: „Dieses strahlende Flieder würde den Raum wunderschön aufhellen und passt gleichzeitig zu deiner tollen grauen Anbauwand.". Ich weiß nicht, wofür sie sich am Ende entschieden haben, ich bin mir aber sehr sicher, dass Flieder keine strahlende Farbe ist. In jedem Fall hat die Frau ihre Wunschfarbe mit Hilfe von Adjektiven aufgewertet, um ihre Argumentation zu verstärken.

Einige der Techniken, die ich Ihnen bereits vorgestellt habe, zielen unter anderem auf eine Modifikation des unbewussten Denkens ab. Vor allem durch die Modifikation von Informationen, Analogien oder wissenschaftlichen beziehungsweise Fachbegriffen und Fremdwörtern ist es möglich, die Grundlage, auf der die nachfolgenden Gedanken aufbauen, zu verändern. Nutze ich also in meinem Text Wörter wie „dementieren", gehe ich davon aus, dass Sie intelligent genug sind, um zu verstehen, was das bedeutet. Kaum jemand gibt sich die Blöße, das zu hinterfragen – im Zweifelsfall können Sie diese Technik also auch nutzen, um Argumente im Nichts verschwinden zu lassen, da Ihr Gegenüber den Kontext nicht verstanden hat. Das funktioniert jedoch nur dann, wenn er Sie tatsächlich nicht versteht. Rhetorische Fragen können Ihnen dabei helfen, Ihre Gesprächspartner zu verwirren, indem sie sich auf die Beantwortung konzentrieren und dementsprechend das eigentliche Thema als nebensächlich betrachten.

Gerade, wenn Sie bestrebt sind, mehrere Personen gleichzeitig zu manipulieren – etwa bei einer Aufgabe, die nur in der Gruppe zu bewältigen ist –, versuchen Sie, zu ermitteln, wer Ihre Kritiker sein könnten. Diese Menschen gilt es, zu überzeugen, da sie meistens ebenfalls über hohes Wissen verfügen und vor allem eigenständig denken, anstatt der Masse zu folgen. Stimmen Sie diesen in gewissen Punkten zu, werden sie offener für Ihre nachfolgende Manipulation, da sie davon ausgehen, dass Sie am gleichen Strang ziehen.

Vor einigen Jahren wollte ich meinen damaligen Partner unbedingt von einer Katze als Haustier überzeugen. Ich bin mit diesen Lebewesen aufgewachsen und es fehlte mir, begrüßt zu werden, wenn ich abends in die Wohnung kam. Mein Partner war allerdings dagegen, da er nicht nur das kleine flauschige Wesen, sondern auch die Aufgaben und die erhöhten Kosten sah, die damit verbunden sind. Nach wochenlangem Argumentieren wechselte ich also die Taktik – ich wusste, dass er sie genauso niedlich fand wie ich, nur nicht mit allen Aufgaben allein konfrontiert werden wollte. Ich zeigte ihm über längere Zeit hinweg immer wieder Videos und Bilder von niedlichen und lustigen kleinen Katzen und band ab einem gewissen Punkt Verkaufsanzeigen von Kitten ein. Was soll ich sagen, meine Katze ist mittlerweile über sieben Jahre alt. Anstatt immer weiter zu reden, habe ich mich Emotionen bedient mit Hilfe von visuellen Ankern, um meinem Ziel näher zu kommen. Dieser Weg ist zwar langwieriger, kann Sie jedoch mittelfristig genauso gut zum Ziel führen. Durch die Anker dachte mein Partner unbewusst immer wieder über diese kleinen flauschigen Wesen nach, obwohl das Thema im bewussten Denken für ihn schon längst beendet war.

Allein über dieses Thema könnte man ein eigenes Buch schreiben. Sie können jedoch die Grundlagen erlernen – seien Sie sich darüber bewusst, dass Denken ein meist unbewusster Vorgang ist, und richten Sie Ihre Argumentation und die Wahl Ihrer Worte ausschließlich auf das Erreichen Ihrer Ziele aus. Sie werden nach und nach Techniken feststellen, die für Sie besonders gut funktionieren und können diese anschließend weiter verfeinern und ausbauen.

MANIPULATION VON EMOTIONEN

Auch, wenn die meisten unserer Entscheidungen bewusst oder unbewusst mit Vernunft und Logik zu tun haben, dürfen Sie in Ihren Argumentationen niemals die Wirksamkeit von Gefühlen außer Acht lassen. Emotionen bewegen die Menschen dazu, sich irrational zu entscheiden und Dinge zu tun, bei denen jeder Außenstehende den Kopf schüttelt. Jede zweite amerikanische Liebeskomödie ist voll von solchen Dingen – Männer, die mit Ghettoblastern vor den Fenstern ihrer Angebeteten stehen, tausende Kilometer weit reisen, nur um ihr wieder nahe sein zu können, und Paare, die sich bereitwillig mit der Familie überwerfen, weil sie glauben, die wahre Liebe gefunden zu haben. Ich weiß, das klingt gerade etwas zynisch.

Betrachten Sie es jedoch einmal wie auf einer Pro- und Kontra-Liste – wozu steigt man in den Flieger und gibt einen Haufen Geld für einen Last-Minute-Flug aus für einen Menschen, der eine Woche später ohnehin wieder da ist? Eigentlich macht es keinen Sinn – wenn wir jedoch einmal ehrlich zu uns selbst sind, wünscht sich jeder solche großen und kleinen romantischen Gesten. Jede Frau liebt Blumensträuße oder kleine Überraschungen, die zeigen, dass der Partner an sie denkt. Jeder Mann freut sich darüber, abends nach Hause zu kommen und zu wissen, dass Essen gekocht ist und da jemand auf ihn wartet. Emotionen bewegen uns dazu, unsere Entscheidungen zu überdenken und im Zweifelsfall entgegen jeder Vernunft zu handeln – sonst würde niemand verzeihen oder vergeben können.

Die meisten Kaufentscheidungen basieren auf Emotionen. Sie können sich also vorstellen, worauf Werbebotschaften abzielen. Niemand würde ein Handy für 1.500 € nur aus Gründen der Vernunft kaufen. Hier steht der Wunsch nach Anerkennung, nach Prestige und danach, beneidet zu werden, dahinter. Haben Sie sich schon einmal aufmerksam Bilder und Videos von Tierorganisationen angesehen? Sie werden dort niemals glücklich herumtollende Hunde sehen, sondern immer kleine traurige Welpen, die möglichst einsam und verlassen aussehen, um unser Mitgefühl anzuregen. Emotionen hemmen Ihre Fähigkeit zur Kritik und machen Sie anfälliger für Entscheidungen, die Sie unter normalen Aspekten so niemals getroffen hätten.

Möchten Sie einen Menschen an seinen emotionalen Schwachstellen manipulieren, müssen Sie ihn selbstverständlich kennen. Ins Blaue zu raten, kann zu einer fatalen Fehlentscheidung führen – argumentieren Sie beispielsweise beim Einkauf auf Kostenersparnis, während Ihr Gegenüber lieber auf Qualität achtet, werden Sie wohl auf taube Ohren stoßen. Bei Emotionen kommt es tatsächlich mehr auf den Inhalt Ihrer Nachricht als auf die Art und Weise, wie Sie sie zum Ausdruck bringen, an. Indem Sie Ihre Worte bewusst wählen, schaffen Sie die Grundlage für die Stimmung Ihres Gespräches. Es macht beispielsweise einen riesigen Unterschied, ob Sie von „Problemen" oder von „Herausforderungen" sprechen oder ob Sie vorhandene Differenzen aus Ihrer Sicht schildern oder alles auf Ihr Gegenüber abwälzen. Diese überlegte Auswahl Ihrer Worte kann Türen öffnen oder eben auch schließen und bereits von Anfang an über den Ausgang des Gespräches entscheiden. Nur, weil Kommunikation und Emotion teilweise so unterschiedlich interpretiert werden, gibt es Paarberatungen.

Im Grunde genommen machen diese Leute nichts anderes, als die Gesprächs- und die Emotionsebene auseinanderzunehmen und beide von einem neutralen Standpunkt aus zu betrachten und neu formuliert zu übermitteln. Eine Freundin von mir regt sich jeden Tag darüber auf, dass Ihr Partner nie aufräumt, sobald er nach Hause kommt, und die ganze Arbeit im Haushalt an ihr hängen bleibt. Sie ist davon genervt und betritt – leider – auch bereits mit dieser Stimmung die Wohnungstür. Das erste, was sie tagtäglich macht, ist, sich umzusehen und Ihren Freund mit folgenden Worten zu begrüßen: „Du hast ja schon wieder nichts gemacht und sitzt nur faul auf der Couch, danke dass ich mich mal wieder um alles kümmern muss.". Dahinter stecken Frustration, Trauer und Unverständnis – ihr Partner sieht darin aber nur Beschuldigungen, da er ja trotzdem einkaufen war und schon extra seine Arbeitsschuhe vor der Tür stehen gelassen hat, weil er weiß, dass sie sonst genervt ist. Da er sich nun angegriffen fühlt, können Sie sich vorstellen, was passiert – die beiden streiten.

Sie sind so sehr in ihren Emotionen gefangen, dass keiner von beiden auch nur auf den Gedanken kommen würde, diese Situation auf einer verstandsorientierten Basis zu betrachten. Meine Freundin könnte genauso gut sagen: „Ich finde es schade, dass ich mit dem Haushalt hier allein dastehe. Könntest du mir helfen?". Es wäre mit Sicherheit kein Problem und beide hätten ein ruhigeres Leben. Umgekehrt könnte auch ihr Partner statt mit einem Gegenangriff mit Folgendem reagieren: „Ich bin selbst gerade eben erst nach Hause gekommen, war aber schon einkaufen, damit wir dann in Ruhe kochen können. Lass mich noch zehn Minuten sitzen und dann helfe ich dir gern.". Es könnte so leicht sein – der Mensch ist nur leider in den seltensten Fällen von seiner Vernunft gesteuert.

Wenn Sie einen anderen mit Hilfe von Emotionen manipulieren möchten, gehen Sie ein sehr sensibles Thema an. Die Wahrscheinlichkeit, missverstanden zu werden, ist hoch und Sie müssen sich darauf gefasst machen, dass sich Ihr Gegenüber angegriffen fühlt und seinerseits versucht, Sie in Ihren Emotionen zu treffen. Bleiben Sie in solchen Fällen ruhig und gelassen, ansonsten werden Sie sehr schnell vom Manipulator zum Manipulierten.

Wie kann man Manipulation für sich selbst nutzen

Sie werden sicher denken: Diese Informationen habe ich doch längst? Mit Hilfe von Manipulation kann ich meine Bedürfnisse und Wünsche teils unterschwellig, aber dennoch überzeugender argumentieren, als wenn ich mit dem Kopf durch die Wand möchte. Gleichzeitig bin ich durch dieses Wissen geschützt und selbst nicht mehr so leicht zu manipulieren. Das ist grundlegend alles korrekt, ich kann Ihnen aber auch verraten, dass es sich hier um einen Lernprozess handelt und Sie nicht von heute auf morgen zum Experten der Manipulation werden. Irgendwann wird das hier Gelesene in Vergessenheit geraten und ehe Sie sich versehen, kaufen Sie doch wieder die Butter, die Sie vor zwei Tagen in der Werbung gesehen haben.

Dieses Thema soll Ihren Geist öffnen und Sie nicht unbedingt vorsichtiger, sondern vielmehr empfänglicher machen. Wie ich am Anfang erwähnte, hat Manipulation einen sehr schlechten Ruf. Wer zugibt, hin und wieder zu manipulieren, wird als schlechter Mensch abgestempelt und hat große Probleme, das Vertrauen der anderen zu gewinnen.

Mir geht es grundlegend um zwei bestimmte Aspekte. Indem Sie sprachliche Mittel anwenden, manipulieren Sie nicht aus bösartigem Willen heraus, sondern nutzen schlicht und ergreifend die vielfältigen Möglichkeiten, die Ihnen die deutsche Sprache bietet. Die Kenntnis über die Techniken der Manipulation und über die Wirkung von Sprachgebrauch, Mimik und Gestik dient gleichzeitig dem Schutz und hilft Ihnen, autonomer aufzutreten, da Sie jederzeit die Wahl haben, inwieweit Sie auf Ihren Gesprächspartner eingehen. Bewusst auf die Wortwahl und das allgemeine Verhalten der Menschen um Sie herum zu achten, wird Ihnen eine neue Ansicht auf die Welt verschaffen. Unter Umständen stellen Sie Dinge in Frage, die Sie bisher als selbstverständlich angesehen haben – das muss aber nicht negativ belegt sein. Nur, weil bestimmte

Sachverhalte immer so gewesen sind, bedeutet das nicht automatisch, dass es sich damit um den einzigen Lösungsweg handelt. Hinterfragen Sie Ansichten und werden Sie kritischer, entwickeln Sie Stück für Stück mehr Selbstbewusstsein und Vertrauen in Ihre eigenen Fähigkeiten.

Die Techniken zur Manipulation einzusetzen, wird Ihnen dabei helfen, Menschen wirklich zu überzeugen, anstatt sie nur zu überreden. Manipulieren zwingt Sie dazu, sich mit Ihren Nächsten zu beschäftigen – das heißt, zu hinterfragen, wo ihre Bedürfnisse liegen, was sie interessiert und was sie abstößt. Wir leben in einer Gesellschaft, die viel zu schnelllebig und oberflächlich ist. Die Menschen vertrauen Ihnen nicht nur deshalb, weil Sie einige sprachliche und psychologische Tricks gut anwenden können, sondern auch, weil Sie sich die Zeit nehmen, Sie kennen zu lernen.

Auch, wenn Manipulation gern die „schwarze Rhetorik" genannt und dadurch wieder ein negativer Aspekt suggeriert wird, bauen Sie dadurch Beziehungen auf der Basis von Vertrauen und Gegenseitigkeit auf. Überzeugungen können nicht nur zu einem eigenen Nutzen erfolgen, sondern auch vor dem Hintergrund, dass wir gegebenenfalls schon einmal selbst in der gleichen Situation gesteckt haben und versuchen, einen Menschen zu schützen und ihn nicht die gleichen Fehler durchleben zu lassen. Teilweise versuchen wir auch, mit Hilfe von Manipulation eine Kritik auszuüben, ohne dass sie allzu verletzend wirkt. Ich war vor einigen Tagen mit einem guten Freund einkaufen und er zog eine Hose an, die absolut nicht passte, einen grauenhaften Schnitt hatte und ihm auch zu eng war. Sicherlich hätte ich sagen können, „Diese Hose steht dir nicht und sitzt viel zu knapp", ich wusste allerdings, dass er zurzeit ein wenig mit seinem Selbstvertrauen zu kämpfen hatte, und argumentierte deshalb, dass sie nicht zu der restlichen Kleidung in seinem Schrank passe. Ich wollte nicht, dass er sich diese Hose kauft und die Leute anfangen, hinter seinem Rücken zu reden – leider ist es nun einmal so, dass die wenigsten Kritik direkt äußern, sondern stattdessen anfangen, zu lästern und sich heimlich lustig zu machen. Auch diese Art der

Überzeugung kann bereits als Manipulation gelten – ich war nicht zu hundert Prozent aufrichtig, das mag stimmen, aber wie Sie hieran vielleicht bemerken, muss kein Eigennutz oder böser Wille dahinterstecken.

Bevor Sie manipulieren, sollten Sie sich genau überlegen, worin Ihre Motivation besteht. Was sind Ihre Ziele und was möchten Sie mit Hilfe der Manipulation erreichen? Diese Dinge müssen vorher von Ihnen klar definiert werden, damit Sie einen Plan haben, den Sie verfolgen können, wenn Sie einmal Rückschläge erleiden oder sich auf Umwegen befinden.

Wie kann man Manipulation abwehren

Da Manipulation ein alltäglicher Vorgang ist und auch Sie selbst vermutlich häufiger beeinflusst werden, als Ihnen bewusst sein wird, ist es notwendig, nicht nur Kenntnisse über Manipulation selbst, sondern auch über gewisse Schutztechniken zu haben. Dieses Wissen wird Sie kritischer gegenüber Aussagen machen und Sie werden tendenziell schneller Dinge hinterfragen, als jederzeit alle Worte für bare Münze zu nehmen.

Genauso wie bei einer Manipulation ist es auch hier enorm wichtig, jederzeit aktiv zuzuhören und bei Bedarf nachzufragen. Hören Sie auf, bei Gesprächen mit Ihrem Handy zu spielen – Ihnen könnten wichtige Informationen dadurch entgehen. Gleichzeitig verschafft Ihnen diese Aufmerksamkeit einen Vertrauensbonus – bemerkt Ihr Gegenüber, dass Sie sich wirklich für Ihre Unterhaltung interessieren, wird er seine Worte automatisch bewusster wählen. Egal, worum es geht, hören beide Parteien aufmerksam zu, verlaufen Unterhaltungen ruhiger und gelassener, da niemand das Gefühl hat, „nur so nebenbei" anwesend zu sein. Aufmerksamkeit kann Ihnen unwahrscheinlich viele Türen öffnen. Indem Sie für sich präzisieren, also Gesagtes beispielsweise noch einmal mit eigenen Worten zusammenfassen oder bei Bedarf nachfragen, um wichtige Informationen von unwichtigen zu trennen, machen Sie es einem Manipulator zusätzlich schwieriger. Sprachliche Tricks können nicht so gut angewandt werden, wenn der Gesprächspartner seine eigenen Worte einfließen lässt.

Trotz allem aufmerksamen Zuhörens wird es immer wieder vorkommen, dass Sie dennoch manipuliert werden sollen. Sobald Sie das mitbekommen, haben Sie mehrere Möglichkeiten, um darauf zu reagieren. Ich möchte Ihnen die elegantesten Lösungen vorschlagen, ohne den Manipulator zu denunzieren, ihn bloß zu stellen oder direkt mit der

Tatsache zu konfrontieren, dass Sie ihn entlarvt haben. Obwohl Sie in dieser Situation der Manipulierte sind, haben Sie jederzeit die Möglichkeit, frei zu entscheiden, wie Sie darauf reagieren.

Ich bin ein Mensch, der selten im Mittelpunkt steht. Meiner Meinung nach ist das auch nicht notwendig, denn ich weiß, dass die Personen sich im Zweifelsfall an mich wenden, sobald sie mit einem Problem nicht mehr weiterkommen. Dementsprechend kann ich viel Zeit damit aufwenden, andere Menschen zu beobachten. Und ich liebe das – ich habe es schon als Kind mit meiner Mutter regelmäßig gemacht und bis heute hat der Spaß daran nicht nachgelassen. Gleichzeitig bin aber auch ich kein Fan davon, jemanden bloß zu stellen. Meiner Meinung nach hat jeder Mensch Bedürfnisse und während die einen versuchen, diese im Alleingang zu erreichen, versuchen andere, über Manipulation Hilfe, Beistand oder Anerkennung zu erhalten. Wir hatten solche Gespräche häufig im Freundeskreis, wenn es darum ging, was wir abends machen möchten.

Gerade in den warmen Monaten hatten wir, wenn wir frei hatten, viel Zeit am See verbracht und waren dementsprechend vollends damit zufrieden, abends beisammen zu sitzen und zum Beispiel zu grillen. Einer unserer Freunde hatte aber einen schier unstillbaren Drang nach Aktivität und Bewegung und versuchte jedes Mal aufs Neue, uns von Billard, Bowling, Dart oder Ähnlichem zu überzeugen. Eine seiner liebsten Aussagen war: „Da sind heute alle, wie sieht es denn aus, wenn wir dann dort nicht auftauchen?“. Er versuchte also, uns mit dem Herdentrieb zu ködern. Dahinter steckte sein Wunsch nach Anerkennung in der breiten Menge und ich war der Meinung, dafür müsse man ihn nicht bloßstellen. Dementsprechend stellte ich mich dumm und fragte ihn: „Wir hatten doch bereits geklärt, was wir heute Abend machen. Deshalb verwirrt mich das gerade. Oder soll das schon ein Vorschlag für die kommende Woche sein?“. Unterschwellig habe ich ihm zu verstehen gegeben, dass ich seine Versuche erkannt habe und nicht weiter darauf eingehen möchte. Anstatt ihm durch die Manipulation böse Absichten zu unterstellen, gab ich ihm dennoch die Gelegenheit, still und leise den Rückzug anzutreten und seinen Versuch einfach ruhen zu lassen.

Im Falle von Argumentationsspitzen, sarkastischen Bemerkungen oder Aussagen, über die Sie sich schlicht und einfach aufregen möchten, bleibt Ihnen eine weitere Option: ignorieren. Tun Sie so, als ob Sie das nicht gehört hätten, atmen Sie tief durch, um den Manipulator darauf aufmerksam zu machen, dass Sie seine Versuche durchaus bemerkt haben, sie jedoch keine Früchte tragen. In manchen Momenten bleibt Ihnen keine andere Möglichkeit – gerade dann, wenn die Situation emotional belastet ist und sie andernfalls im Streit enden würde.

Sie erinnern sich doch sicherlich noch an die Manipulationstechnik der Wiederholung? Das Interessante daran ist, dass man Wiederholungen auch zur Abwehr von Manipulation einsetzen kann. Gerade bei Diskussionen oder Streitthemen hatten Sie mit hoher Wahrscheinlichkeit auch schon einmal oder mehrmals das Gefühl, auf taube Ohren zu stoßen. Mit Hilfe von Wiederholungen können Sie Ihre Argumente oder Ihren Standpunkt, variierend in der Wortwahl, aber mit dem gleichen Kontext, so oft und so lange anbringen, bis Ihr Gegenüber verstanden hat, dass es Ihnen an dieser Stelle wirklich wichtig ist und Sie nicht bereit sind, hier Kompromisse einzugehen und sich beeinflussen zu lassen.

Handelt es sich tatsächlich um eine Manipulation, wird Ihr Gesprächspartner versuchen, auszuweichen und so unauffällig wie möglich das Thema zu wechseln. Führen Sie ihn immer wieder zum Ausgangspunkt zurück und lassen Sie sich davon nicht abbringen – er weicht Ihnen nur deshalb aus, da er keine Argumente mehr hat, und wenn Sie das erkannt haben, haben Sie eigentlich schon gewonnen. Versucht Ihr Gegenüber nun, Sie emotional anzugreifen, indem er Ihnen vorwirft, Sie seien unsachlich oder stur, haben Sie die Möglichkeit, seine Perspektive zu wandeln und ihm die Situation aus Ihrem Blickwinkel heraus aufzuzeigen. Diese Technik ist vor allem bei Diskussionen sehr wirksam, da niemand gern beschuldigt wird und Sie auf diese Art und Weise vermeiden, in eine Phase der sturen Schuldzuweisung zu rutschen. Ich hatte Ihnen vorhin das Beispiel mit dem Paar aufgeführt – wo sie sich darüber aufregt, dass er nur faul auf der Couch sitzt, und er genervt ist, weil sie nur meckert. Wie ich Ihnen dort bereits aufgezeigt hatte, haben immer beide Parteien die Möglichkeit, auf die eine oder andere Version zu reagieren. Das bedeutet, dass, obwohl Sie derjenige sind, der gerade manipuliert werden soll, Sie niemand dazu zwingt, in eine Verteidigungshaltung zu gehen. Die Entscheidung liegt aber wie immer ganz bei Ihnen.

Die letzte Lösung besteht dennoch in einem Abbruch des Gesprächs. Manchmal sind die Situationen derart verfahren, dass niemand mehr in der Lage ist, von seinem Standpunkt abzuweichen. Bevor Sie sich dann also in Einzelheiten verlieren und sich stundenlang gedanklich im Kreis drehen, empfehle ich Ihnen Folgendes: Brechen Sie das Gespräch ab, natürlich nicht kommentarlos, sondern erklären Sie Ihrem Gesprächspartner, warum Sie das jetzt gerade für sinnvoller halten. Er wird es hinnehmen müssen, ob er nun will oder nicht, aber so erweisen Sie sich als deutlich kompetenter und kompromissbereiter als derjenige, der Sie eigentlich gerade zu manipulieren versucht. Selbstverständlich können Sie noch ein letztes Mal nach einer Lösung fragen oder optional anbieten, das Gespräch auf einen späteren Zeitpunkt zu vertagen, wenn sich die Gemüter beruhigt haben.

Ein Abbruch muss nicht final sein, aber hin und wieder ist eine Pause ratsam, um sich wieder auf den ursprünglichen Zweck des Gespräches zu besinnen.

Um jeglicher Art von Manipulation entgegenzuwirken, ist es wichtig, zu wissen, in welcher Form Sie beeinflusst werden sollen. Wenn Sie Ihnen nicht vertraut vorkommen sollte, können Sie immerhin versuchen, das Ziel des Manipulators zu ermitteln – möchte er also beispielsweise einen eigenen Vorteil daraus erzielen, versucht er, Sie vor etwas zu schützen oder möchte er für sich selbst mehr Anerkennung und

Beachtung? Nur, wenn Sie das Problem kennen, können Sie auch an einer Lösung arbeiten. Wie gesagt – die Techniken zur Manipulation und zur Abwehr ebendieser ähneln sich in vielen Punkten. Hinterfragen Sie das Handeln der Menschen um sich herum, seien Sie aber gleichzeitig auch selbstkritisch.

Wenn Sie stur bei Ihrer Meinung bleiben möchten, nehmen Sie sich die Zeit, zu überlegen, warum sie für Sie so wichtig ist. Sie müssen sich auch nicht mit anderen Personen vergleichen lassen – Sie sind ein eigenständiger Mensch, der in der Lage ist, autonom zu denken und zu handeln, und nur, weil der universelle Weg bisher der richtige war, bedeutet das nicht automatisch, dass es keine andere Möglichkeit gibt. Selbst die Mathematik weist oft mehrere Rechenwege auf, die am Ende zum gleichen Ziel führen – darüber habe ich übrigens in der Schule oft mit meinen Lehrern diskutiert.

Eine eigene Meinung kann nicht falsch sein, denn es handelt sich um Ihren persönlichen Betrachtungspunkt. Auch, wenn es sich manchmal so anfühlt, müssen Sie sich von Argumenten nicht in die Ecke drängen lassen. Niemand darf Ihnen das Recht verwehren, Gespräche auf Augenhöhe zu führen, und wenn Sie eine Entscheidung getroffen haben, werden Sie dafür Ihre Gründe gehabt haben. Dafür müssen Sie sich weder rechtfertigen noch verteidigen, verlangen Sie das aber auch von den Menschen um Sie herum nicht. Sollten Sie der Meinung sein, nicht so behandelt zu werden wie alle anderen, scheuen Sie sich nicht, das auch anzusprechen. Niemand wird Ihnen helfen, solange Sie nicht äußern, dass es ein Problem gibt. Versuchen Sie dennoch, fair zu bleiben und nicht direkt von der Verteidigung auf den Angriff über zu gehen. Ähnlich wie bei der Manipulation werden Sie auch hier mit einer sensibleren Taktik schneller zum Stillen Ihrer Bedürfnisse, also in diesem Fall der Abwehr, kommen, als umgangssprachlich mit dem Kopf durch die Wand zu wollen.

Manipulation im Berufsleben

Wenn Sie nicht gerade schlafen oder mit Freunden und Bekannten unterwegs sind, verbringen Sie vermutlich den größten Teil Ihres Tages auf der Arbeit. Über den Job definieren sich unwahrscheinlich viele Menschen, die wenigsten Personen sind gern arbeitslos, da zumindest im Erwachsenenalter viel über das Arbeitsleben definiert wird. Auf der Arbeit selbst stehen Sie jedoch auch meist im Zwiespalt zwischen Ihrem Chef und Ihren Kollegen. Sich mit den Vorgesetzten zu vertragen, ist notwendig, um im Zweifelsfall mehr Privilegien oder Freiheiten zu bekommen – übertreiben Sie es damit jedoch, sind Sie bei Ihren Kollegen schnell abgestempelt. Meist haben Sie mehr mit den Leuten zu tun, die mit Ihnen im Büro sitzen oder auf der Baustelle arbeiten, als mit demjenigen, der Ihren Lohnschein ausstellt.

Um diesen schmalen Grat entlang wandern zu können, erfordert es von Zeit zu Zeit ebenfalls gewisse Manipulationen. Selbstverständlich möchten Sie in Ihrem Beruf erfolgreich und anerkannt sein, das ist absolut natürlich. Jedoch müssen Sie auch hierfür erst einmal wahrgenommen werden. Da das nicht ausschließlich über Leistungen funktioniert, müssen Sie sich unter Umständen zusätzlicher Mittel bedienen, damit Ihre Kollegen oder Ihr Vorgesetzter realisieren, was Sie tatsächlich geleistet haben. Überall dort, wo mehrere Parteien aufeinandertreffen, gibt es auch unterschiedliche Meinungen.

Entscheidend ist an dieser Stelle also, wer mit den besten Argumenten überzeugen kann. Meist ist es hier vor allem hilfreich, wenn Sie in der Lage sind, verschiedene Lösungsansätze anzubieten. Unter Umständen müssen Sie Abstriche machen, was Ihre eigenen Bedürfnisse angeht – indem Sie jedoch die Vorschläge unterbreiten, haben Sie immer noch einen gewissen Einfluss darauf, inwieweit Sie das tun. Gleichzeitig bringen Sie Ihre Kollegen oder optional Ihren Vorgesetzten von der Entscheidung ab, ob man eine Sache überhaupt angehen möchte, hin zu der

Überlegung, wie sie umgesetzt werden kann. Vor allem Vorgesetzte schätzen Mitarbeiter, die Lösungen liefern und produktiv arbeiten, anstatt nur die Möglichkeiten von links nach rechts zu wälzen.

Selbstverständlich müssen Sie Ihre Wahlmöglichkeiten auch begründen. Dabei ist es hilfreich, wenn Sie beiläufig Ihre Kompetenzen, beispielsweise anhand von Beispielen oder eigenen Erfahrungen, einfließen lassen können. Wichtig ist vor allem, Ihre Kenntnisse und Fertigkeiten nicht nur aufzuzählen – dadurch wirken Sie schnell arrogant und überheblich und würden Ihr Ziel verfehlen. Indem Sie aber Phrasen einfließen lassen, wie beispielsweise „Ich verstehe Ihre Situation nur zu gut. Als es bei mir damals um eine solche Entscheidung ging, habe ich mich wie folgt verhalten: [...]". Damit beweisen Sie Verständnis und Mitgefühl und ernten Vertrauen.

Ich hatte Ihnen ja erklärt, dass Sie gewünschtes Verhalten mit Hilfe von kleinen Belohnungen festigen können. Mit diesem Muster arbeiten die meisten betriebsinternen Gewinnspiele. Jedem Menschen ist klar, dass auf Handeln Konsequenzen folgen – leben wir in Angst vor Bestrafung, ist es aber deutlich unwahrscheinlicher, ein Risiko einzugehen, als wenn uns eine Belohnung erwartet. Indem Sie zu bewältigende Aufgaben bewerten, geben Sie bereits Richtlinien vor und müssen nicht darauf vertrauen, dass Ihr Gegenüber der gleichen Auffassung ist wie Sie. Die meisten Menschen möchten gar nicht zu hundert Prozent eigenständig denken, sondern freuen sich, wenn ihnen bereits eine Richtung vorgegeben wird, an der sie sich orientieren können.

Ansonsten wäre die Berufswelt voll von Selbstständigen und Kleinunternehmern, die alle nur nach ihrer eigenen Nase tanzen möchten. Auch hier sehen Sie wieder – Manipulation muss nicht negativ belastet sein, da viele Menschen sich sogar eine gewisse Führung wünschen, um selbst keine Verantwortung tragen zu müssen.

Medienmanipulation

Diesen letzten Punkt möchte ich noch anschneiden, um Ihnen zu zeigen, dass jeder von uns alltäglich manipuliert wird. Der Begriff „Medien" steht als Sammelbegriff für alle Kommunikationsmittel, die eine breite Masse erreichen – sie reichen also von Radio über Fernsehen oder Zeitungsartikeln bis hin zu Plakaten. Ich möchte mich aber vorrangig auf Medien in Form von Nachrichten sowie Werbebotschaften im Speziellen beziehen, da diese beiden Faktoren unser Leben bewusst oder unbewusst mehr beeinflussen, als Sie es vielleicht glauben.

Lesen Sie morgens Zeitung – sei es jetzt klassisch oder digital –, wenn Sie Ihren Kaffee trinken? Die meisten Menschen haben gerade früh ihre typischen Rituale. Da wir alle den ganzen Tag unter Stress stehen – nach dem Kaffee wird sich angezogen, auf die Arbeit gefahren, gegebenenfalls werden noch die Kinder weggebracht, nach der Arbeit muss man noch einkaufen, kochen, ein bisschen aufräumen und so weiter –, nutzen die meisten Personen den Morgen, um sich wenigstens ein bisschen zu informieren und auf dem Laufenden zu bleiben. Schließlich möchte ja niemand dumm dastehen, wenn dann im Freundeskreis aktuelle Themen behandelt werden.

So lesen wir also bereits zum frühen Morgen über Kriege, über Unternehmen, die Pleite gegangen sind, über Armut, Arbeitslosigkeit und über Differenzen zwischen einer schier unendlichen Anzahl an Politikern. Ist Ihnen bei dieser morgendlichen Lektüre jemals aufgefallen, dass die Berichte selten wertungsfrei sind? Wenn ein Unternehmen beispielsweise die Hälfte seiner Mitarbeiter entlässt, wird meistens zuvor eine halbe Seite lang beschrieben, wie sehr sie unter den wirtschaftlichen Umschwüngen zu leiden hatten und Umsatzeinbußen gemacht haben. Unbewusst entwickeln wir dadurch eine gewisse verständnisvolle Auffassung für die betroffene Firma. Wenn Sie jedoch kurz darüber nachdenken, werden Sie feststellen, dass die Konkurrenz dieses Konzerns unter den gleichen Bedingungen arbeitet und sogar noch neue Mitarbeiter sucht. Dieses Phänomen nennt sich Gradualismus – Ihnen wird also unterbewusst eine Wertung untergeschoben, um eine aus rein sozial gesehenen Aspekten unfaire Entscheidung mit Hilfe anderer Argumente zu akzeptieren.

Ich bin und war berufsbedingt viel unterwegs. Da ich auch häufig an Orte reise, an denen es keine öffentlichen Verkehrsmittel gibt, besitze ich ein Auto – wie etwa jeder zweite Deutsche. In meinem Fall ist es streckenbedingt ein Diesel – und genau diese Art von Fahrzeug war in der Vergangenheit oft Thema der Medien. Ich möchte diesen Punkt nicht weiter diskutieren, doch gerade, wenn es um Entscheidungen im gesundheitlichen Bereich geht, wird gern die Floskel eingepflegt, dass es „zu unserem Besten“ oder „das Beste für die Zukunft“ ist. Im Grunde genommen wird damit nur relativiert, dass es eine Einschränkung oder Verschlechterung der Lebensqualität geben wird, die uns jedoch zukünftig von Nutzen sein soll. Ich bin jetzt einmal böse und behaupte, dass es mir auch in zehn Jahren nichts bringt, jedes Jahr mehr Geld für Steuern auszugeben, obwohl sich nichts ändert – jedenfalls nicht, solange die Industrieländer weiter fröhlich ihre Fabriken im Dauerbetrieb laufen lassen.

In den vergangenen Monaten gab es vor allem von jungen Menschen wahnsinnig viele Demonstrationen. Vor allem in Großstädten strömten die Leute aus unterschiedlichen Gründen auf die Straße, um, wahlweise friedlich oder offensiv, ihre Meinung zu vertreten. Natürlich berichten auch darüber die Medien – allerdings mehr in der Form, dass stundenlang Straßen gesperrt wurden, viel Polizei anwesend war und welche Ausschreitungen es gab. Demonstrationen sind grundsätzlich negativ belastet, doch aus welchem Grund? Die Leute gehen deshalb auf die Straße, weil sie mit dem, was in den Medien verbreitet wurde, nicht einverstanden waren und zu einer anderen Art Denken anregen möchten. Es sei dabei einmal unabhängig, was Sie persönlich von dem jeweiligen

Thema halten, denn von Klimaschutz bis hin zur Autoszene war alles dabei. Das, was uns vom Tier unterscheidet, ist das eigenständige Denken, die Tatsache, dass wir in der Lage sind, zu hinterfragen und kritisch zu sein. Im Grunde genommen ist es also nur natürlich, dass solche Aktivitäten stattfinden, sobald mehrere Personen der Meinung sind, dass gewisse Aspekte einfach unbeleuchtet geblieben sind. Mittlerweile sind Demonstrationen zwar fast zur Modeerscheinung geworden, wir sollten aber den ursprünglichen Zweck dahinter niemals vergessen.

Ich schaue seit Jahren kein normales Fernsehprogramm mehr, weil mich die Sendungen nicht interessieren und die Werbepausen mittlerweile genauso lang wie die Beiträge sind. Aus welchem Grund sollte ich mir auch anschauen, was gerade in einer WG in Berlin oder Köln passiert? – Dennoch gibt es eine Vielzahl von Zuschauern jeden Tag. Sie haben trotzdem immer die Möglichkeit, für sich selbst zu überlegen, ob Sie diese Programme gerade wirklich sehen möchten oder ob es sich vielleicht doch mehr um gesellschaftliche Verdummung handelt, um die wirklich wichtigen Themen in den Hintergrund rücken zu lassen.

Abgesehen von den Nachrichten und Fernsehprogrammen gibt es einen Aspekt der Medien, der uns tagtäglich begleitet – Die Werbung. Bedürfnisse von Menschen sind planbar und diverse Marketingexperten machen den ganzen Tag nichts anderes, als auf dieser Basis Werbebotschaften zu erstellen. Es gibt in der Geschäftswelt einen sehr bekannten Slogan: „Wer nicht wirbt, der stirbt.“. Leider entspricht das zu hundert Prozent der Wahrheit. Es gibt nahezu alles im Überfluss und wenn man nicht bekannt ist, nie auf sich aufmerksam macht und nur auf den Zufall hofft, wird man sich als Unternehmer in der heutigen Wirtschaft nicht lange halten können. Werbemaßnahmen sind nicht ohne Grund steuerlich absetzbar. Bereits im Jahr 2016 wurden über 32 Millionen Euro nur für Werbung ausgegeben – mit steigender Tendenz. Ein Beispiel: Wenn Sie an Werkstätte denken, welche fallen Ihnen zuerst ein? Vermutlich die Werkstatt, die Sie selbst immer besuchen, direkt danach folgen aber mit

Sicherheit A.T.U oder Pitstop. Wenn Sie einen Riss in der Scheibe haben, ist es sehr wahrscheinlich, dass Sie zuerst nach der nächsten Carglass-Filiale suchen. Bei streichzarter Margarine denken Sie vermutlich an Lätta. Auch beim Stichwort „Haribo" haben die meisten Menschen die Melodie aus der Werbung im Kopf. Das liegt daran, dass wir sie immer wieder sehen und hören.

Werbebotschaften zielen auf das unbewusste Denken ab und sollen uns insofern beeinflussen, als dass wir das Angebot in dem Moment wahrnehmen, in dem bei uns die Nachfrage entsteht – also beispielsweise, wenn das Auto kaputt geht oder wir im Supermarkt stehen. Es ist ein Appell an unsere Bedürfnisse, um beispielsweise von dem Kaufgrund Kostenersparnis abzuweichen. Der ursprüngliche Zweck von Werbung besteht darin, dem potentiellen Kunden möglichst viele Vergleiche aufzeigen zu können – wenn Sie genau darüber nachdenken, werden Sie wissen, dass das so in der Realität nicht stattfindet. Werbemaßnahmen sind an einige Regeln geknüpft, wie zum Beispiel das Verbot, andere vergleichbare Marken abwertend zu beurteilen, daran wird sich jedoch nur bedingt gehalten.

Da Werbung jedoch mittlerweile an jeder Ecke zu finden ist, leben wir in einer permanenten Reizüberflutung, sodass die Botschaften immer innovativer und kreativer werden. Reiseunternehmen arbeiten gern mit den schönsten Urlaubszielen, um uns gedanklich bereits an den Strand zu versetzen und dem Meeresrauschen zuzuhören. Selten stehen die tatsächlichen Produkte im Vordergrund, sondern die Emotionen und Bedürfnisse der potentiellen Käufer. Das Produkt soll die Lösung bieten – sozusagen die Rettung, wenn sonst nichts mehr möglich ist. Dennoch handelt es sich um einen schmalen Grat – wird Werbung übertrieben, kann sie von uns schnell als störend empfunden werden. Mich stört beispielsweise die Werbung von Penny, da ich die Kinderstimmen als unangenehm empfinde – deshalb gehe ich auch tatsächlich seltener dort einkaufen.

Versuchen Sie einmal, einen Tag darauf zu achten, wo Sie wirklich überall Werbung sehen. Sie werden überrascht sein, wie viele Dinge Ihnen auffallen, die Sie bisher nur unbewusst realisiert haben. Von der Werbung in Fernsehen und Radio über diverse Pop Ups auf Ihrem Bildschirm, wenn Sie das Internet nutzen, die personifizierte Werbung in Ihren sozialen Netzwerken, die genau darauf abzielt, was Sie zuletzt bei Google gesucht haben, bis hin zu Werbetafeln an Straßenrändern – Sie werden überall fündig. Es ist nicht möglich, sich von Werbung nicht beeinflussen zu lassen. Bevor Sie das nächste Mal jedoch Butter oder Margarine kaufen gehen, überlegen Sie sich genau, aus welchem Grund Sie einkaufen. Meistens, weil der Kühlschrank leer ist und Sie Hunger haben – aber schreiben Sie sich Einkaufszettel und halten Sie sich daran. Niemand zwingt Sie, immer nur die günstigsten Artikel zu kaufen, aber Sie müssen auch nicht jedem Impuls erliegen.

Fazit

Zusammenfassend möchte ich Ihnen Folgendes mit auf den Weg geben: Manipulation wird Sie immer und überall begleiten. Dabei ist es irrelevant, welche Rolle Sie dabei einnehmen und ob Sie bewusst oder unbewusst steuern oder gesteuert werden. Streng genommen handelt es sich um eine schier unzählbare Masse, begonnen bei unserem eigenen Hirn, welches Informationen für uns filtert, angefangen bei Gesprächen mit Ihren Freunden oder Ihrem Partner bis hin zu den Medien, die uns allgegenwärtig begleiten. Anstatt sich permanent dagegen zu wehren, versuchen Sie, die Informationen in sich aufzunehmen und zu bewerten. Ermitteln Sie Ihre eigenen Bedürfnisse und Wünsche und halten Sie daran fest – auch ein Misserfolg sollte Sie niemals vom Ziel abbringen. Fangen Sie damit an, Aussagen und Sachverhalte zu hinterfragen, um die zugrunde liegenden Informationen filtern zu können.

Eines meiner liebsten Zitate zu dem Thema stammt vom amerikanischen Sprachwissenschaftler Noam Chomsky: „Wenn man die Veränderung zum Besseren für unmöglich hält, wird sie auch nicht kommen.“. Glauben Sie also an sich und an Ihre Fähigkeiten und Sie werden mit diesen neuen Erkenntnissen feststellen, welche Wunder die Kommunikation mit sich bringen kann.

Platz für Reflektion

Tag 1

Datum:	
Mir sind heute folgende Manipulationstechniken aufgefallen:	
Folgende Techniken habe ich selbst anwenden können:	

Das hat heute gut funktioniert:	
Das kann ich beim nächsten Mal besser machen:	

Tag 2

Datum:	
Mir sind heute folgende Manipulationstechniken aufgefallen:	
Folgende Techniken habe ich selbst anwenden können:	

Das hat heute gut funktioniert:	
Das kann ich beim nächsten Mal besser machen:	

Tag 3

Datum:	
Mir sind heute folgende Manipulationstechniken aufgefallen:	
Folgende Techniken habe ich selbst anwenden können:	

Das hat heute gut funktioniert:	
Das kann ich beim nächsten Mal besser machen:	

Zitate über Manipulationstechniken

Man kann die Menschen sehr leicht durch tolle und ungeschickte Darstellungen irremachen; aber man lege ihnen das Vernünftige und Schickliche auf eine interessante Weise vor, so werden sie gewiss danach greifen.

Johann Wolfgang von Goethe (1749 - 1832), gilt als einer der bedeutendsten Repräsentanten deutschsprachiger Dichtung

Quelle: Goethe, Wilhelm Meisters Lehrjahre, 1795/6. 5. Buch, 16. Kap.

Die Frau, die ihren Mann nicht beeinflussen kann, ist ein Gänschen, die Frau, die ihn nicht beeinflussen will – eine Heilige.

Marie von Ebner-Eschenbach (1830 - 1916), Marie Freifrau Ebner von Eschenbach, österreichische Erzählerin, Novellistin und Aphoristikerin

Quelle: Ebner-Eschenbach, Aphorismen, 1911. Originaltext

So etwas wie einen guten Einfluss gibt es nicht. (...) Jeder Einfluss ist unmoralisch – unmoralisch vom wissenschaftlichen Standpunkt aus. (...) Weil einen Menschen beeinflussen so viel bedeutet, wie ihm die eigene Seele geben. Er denkt nicht mehr seine natürlichen Gedanken oder entflammt in seinen natürlichen Leidenschaften. Seine Tugenden gehören in Wahrheit nicht ihm. Seine Sünden, wenn es so etwas wie Sünden gibt, sind geborgt. Er wird das Echo der Musik eines anderen, der Darsteller einer Rolle, die nicht für ihn geschrieben wurde. Das Ziel des Lebens ist Selbstentfaltung. Seine eigene Natur vollständig verwirklichen – das ist es, wozu jeder von uns da ist. Heutzutage haben Leute die Angst vor sich selbst. Sie haben die höchste aller Pflichten vergessen, die Pflicht, die man sich selbst schuldig ist.

Oscar Wilde (1854 - 1900), eigentlich Oscar Fingal O'Flahertie Wills, irischer Lyriker, Dramatiker und Bühnenautor

Der Edle kann diejenigen beeinflussen, die über ihm stehen. Der kleine Mann nur diejenigen die unter ihm stehen.

Konfuzius (551 - 479 v. Chr.), latinisierter Name für Kongfuzi, K'ung-fu-tzu, »Meister Kong«, eigentlich Kong Qiu, K'ung Ch'iu, chinesischer Philosoph

Einfluss in der Politik: ein visionäres Quo, dass gegen ein handfestes Quid eingetauscht wird.

Ambrose Gwinnett Bierce (1842 - 1914), genannt Bitter Pierce, US-amerikanischer Journalist und Satiriker

Jeder von uns wird mehr oder weniger beeinflusst von dem intellektuellen Medium, in dem er sich vorzugsweise bewegt.

Friedrich Engels (1820 - 1895), deutscher Philosoph und sozialistischer Politiker, gemeinsam mit Karl Marx auch Autor

Quelle: Engels, Briefe. An Pjotr Lawrowitsch Lawrow, 12.-17. November 1875

Man muss die Leute an ihren Einfluss glauben lassen - Hauptsache ist, dass sie keinen haben.

Ludwig Thoma (1867 - 1921), deutscher Erzähler, Dramatiker und Lyriker

Menschen, die Einfluss auf andere haben wollen, müssen sich sehr hüten, viel gesehen zu werden. Ich bin von beinahe jedem Menschen berühmter Art, die ich kennen lernte, ein wenig enttäuscht worden.

Carl Hilty (1831 - 1909), Schweizer Staatsrechtler und Laientheologe

Quelle: Hilty, Bausteine. Aphorismen und Zitate aus alter und neuerer Zeit, gesammelt von Prof. Dr. C. Hilty, Verlag Edward Erwin Meyer, Leipzig 1910

Man verdirbt einen Jüngling am sichersten, wenn man ihn anleitet, den Gleichdenkenden höher zu achten, als den Andersdenkenden.

Friedrich Wilhelm Nietzsche (1844 - 1900), deutscher Philosoph, Essayist, Lyriker und Schriftsteller

Quelle: Nietzsche, Morgenröte. Gedanken über die moralischen Vorurteile, 1881

In den meisten Fällen unterliegt gewöhnlich das gemeine Beste dem Einfluss von Sonderinteressen.

Sallust (86 - um 35 v. Chr.), eigentlich Gaius Sallustius Crispus, römischer Geschichtsschreiber und Politiker

Quellenangabe

https://alfazentauri.com/tricks-zur-manipulation-im-alltag

https://www.audimax.de/arbeitsleben/gleichberechtigung-im-job/manipulationstechniken-wie-du-sie-richtig-einsetzt/

https://www.karstennoack.de/manipulationstechniken-erkennen/

https://wpgs.de/fachtexte/wirtschaftspsychologie/manipulation/

https://www.absolventa.de/karriereguide/rhetorik/manipulationstechniken

https://www.jbt.de/manipulationstechniken-die-6-techniken/

https://www.grin.com/document/188381

https://de.wikipedia.org/wiki/Josef_Kirschner

http://wolfgang-schween.de/acht-gesetze/acht-gesetze.html

http://wolfgang-schween.de/acht-gesetze/Josef_Kirschne_-_Manipulieren_-_aber_richtig-Hoerbuch/Josef_Kirschne_-_Manipulieren_aber_richtig.pdf

https://www.gruenderlexikon.de/checkliste/informieren/bankgespraech/manipulationstechniken/

http://www.rhetorik.ch/Manipulation/Manipulation.html

http://static.onleihe.de/content/haufe/20120815/978-3-648-02865-0/v978-3-648-02865-0.pdf

https://www.paulwatzlawick.de/axiome.html

https://beziehungs-shop.com/pages/7-kommunikations-werkzeuge

https://www.lernen.net/artikel/manipulation-7-strategien-einflussnahmen-3198/

https://www.manager-magazin.de/unternehmen/karriere/koerpersprache-menschen-manipulieren-a-1154914.html

https://www.danielhoch.com/fachartikel/fachartikel-koerpersprache-luege-manipulation-oder-doch-chance/

https://books.google.de/books?id=YG8V3VVeckwC&pg=PA275&lpg=PA275&dq=manipulation++analogiefalle&source=bl&ots=4EiT-GBw9BS&sig=ACfU3U1zCEA-auyYlltnhVkiQKQ7iriMy2A&hl=de&sa=X&ved=2ahUKEwikn-yDvsToAh-WmThUIHXbqAHoQ6AEwA3oECAwQLQ#v=onepage&q=manipulation%20%20analogiefalle&f=false

https://www.piwinger.de/aktuell/FunktionDerStimeInDerKommunikation.html
https://books.google.de/books?id=YG8V3VVeckwC&pg=PA275&lpg=PA275&dq=manipulation++analogiefalle&source=bl&ots=4EiT-GBw9BS&sig=ACfU3U1zCEA-auyYlltnhVkiQKQ7iriMy2A&hl=de&sa=X&ved=2ahUKEwikn-yDvsToAh-WmThUIHXbqAHoQ6AEwA3oECAwQLQ#v=onepage&q=manipulation%20%20analogiefalle&f=false
https://download.e-bookshelf.de/download/0000/0186/60/L-G-0000018660-0002373416.pdf
https://gedankenwelt.de/medienmanipulation-10-strategien-mit-denen-medien-uns-manipulieren/
https://www.focus.de/kultur/experten/schicha/wunderbare-werbewelten-von-mitleid-und-erotik-wie-funktioniert-gute-werbung_id_3717395.html
https://wpgs.de/fachtexte/wirtschaftspsychologie/manipulation/

Wir danken Ihnen für Ihr Interesse und Ihr Vertrauen. Als Dankeschön dafür, haben wir eine besondere Überraschung. Sie interessieren sich für NLP, haben aber keine Lust, zahlreiche Bücher zu wälzen? Wir haben die wichtigsten **Grundregeln** für Sie auf einen Blick. Das Beste: Sie erhalten diese vollkommen kostenlos. Das klingt wunderbar? Dann warten Sie nicht lange und holen Sie sich Ihr Gratis-Geschenk.

Hier geht es zu Ihrem Gratis-Geschenk:

https://forms.gle/KEwnynC4CSBnAY557

1. **Öffnen Sie die Kamera-App auf Ihrem Smartphone und richten Sie die Kamera auf den QR-Code.**
2. **Klicken Sie auf den Link, der Ihnen angezeigt wird und schon werden Sie zur Website weitergeleitet.**

Impressum

Herausgeber: Orbita Media Verlag GmbH & Co. KG / Ericusspitze 4 / 20457 Hamburg
Kontakt: kontakt@empireofbooks.de
Website: https://empireofbooks.de
Coverbild: Shutterstock

Haftungsausschluss:
Die Nutzung dieses Buches und die Umsetzung der enthaltenen Informationen, Anleitungen und Strategien erfolgt auf eigenes Risiko. Der Autor kann für etwaige Schäden jeglicher Art aus keinem Rechtsgrund eine Haftung übernehmen. Haftungsansprüche gegen den Autor für Schäden materieller oder ideeller Art, die durch die Nutzung oder Nichtnutzung der Informationen bzw. durch die Nutzung fehlerhafter und/oder unvollständiger Informationen verursacht wurden, sind grundsätzlich ausgeschlossen. Rechts- und Schadenersatzansprüche sind daher ausgeschlossen. Dieses Werk wurde sorgfältig erarbeitet und niedergeschrieben. Der Autor übernimmt jedoch keinerlei Gewähr für die Aktualität, Vollständigkeit und Qualität der Informationen. Druckfehler und Falschinformationen können nicht vollständig ausgeschlossen werden. Es kann keine juristische Verantwortung sowie Haftung in irgendeiner Form für fehlerhafte Angaben vom Autor übernommen werden. Die bereitgestellten Analysen, Vorschläge, Ideen, Meinungen, Kommentare und Texte sind ausschließlich zur Information bestimmt und können ein individuelles Beratungsgespräch nicht ersetzen. Alle Informationen dieses Buches entsprechen dem Kenntnisstand zum Zeitpunkt des Verfassens dieses Buches. Eine Haftung für mittelbare und unmittelbare Folgen aus den Informationen dieses Buches ist somit ausgeschlossen.
Informieren Sie sich weitläufig aus unterschiedlichen Quellen und bedenken Sie, dass am Ende nur Sie für die Entscheidungen verantwortlich sind.

Urheberrecht:

Haftung für externe Links:
Unser Angebot enthält Links zu externen Websites Dritter, auf deren Inhalte wir keinen Einfluss haben. Deshalb können wir für diese fremden Inhalte auch keine Gewähr übernehmen. Für die Inhalte der verlinkten Seiten ist stets der jeweilige Anbieter oder Betreiber der Seiten verantwortlich. Die verlinkten Seiten wurden zum Zeitpunkt der Verlinkung auf mögliche Rechtsverstöße überprüft. Rechtswidrige Inhalte waren zum Zeit-punkt der Verlinkung nicht erkennbar.